कबीर के दोहे और रामायण

नीलेश कुमार अग्रवाल

ISBN 979-888606997-6

यह पुस्तक उन सभी लोगों को समर्पित है जिन्होंने आज के समय में भी भारतीय संस्कृति को जिन्दा रखा है और मानव जीवन को समझने में लोगों की मदद की है। में उन सभी लोगों का धन्यवाद देता हूँ जिनके कारण में इस पुस्तक के विषय में सोच पाया और इसे लिख पाया। इस पुस्तक द्वारा मुझे लगता है की जो भी पाठक इसे पढ़ेगा उसे जीवन की सच्चाई के बारे में ज्ञान प्राप्त होगा और वह अपने कार्यों में सफल हो पायेगा।

क्रम-सूची

भूमिका   vii

  1. अध्याय 1   1

भूमिका

यह पुस्तक उन सभी लोगों को समर्पित है जिन्होंने आज के समय में भी भारतीय संस्कृति को जिन्दा रखा है और मानव जीवन को समझने में लोगों की मदद की है। में उन सभी लोगों का धन्यवाद देता हूँ जिनके कारण में इस पुस्तक के विषय में सोच पाया और इसे लिख पाया। इस पुस्तक द्वारा मुझे लगता है की जो भी पाठक इसे पढ़ेगा उसे जीवन की सच्चाई के बारे में ज्ञान प्राप्त होगा और वह अपने कार्यों में सफल हो पायेगा।

कबीर दास के दोहे और रामायण एक बड़ा ही अनोखा मेल है। किन्तु अगर कबीर दस के दोहो पर नज़र डालें तो वह मानव जीवन की असलियत बताती है और यही काम रामायण द्वारा किया गया था। कबीर के दोहे जहाँ मानव को समझाती है की क्या सही है और क्या गलत। वहीं रामायण मानव जीवन की शुरुआत से लेकर उसके अंत तक की पूरी जीवन शैली का ज्ञान प्रदान करती है। कैसा जीवन बिताने पर और कैसा कर्म करने पर, क्या परिणाम हो सकता है। यह ज्ञान हमें रामायण द्वारा प्राप्त होता है। कबीर के दोहे हमें केवल सही और गलत के बारें में सिखाते है, जो की बहुत उपयोगी है क्यूंकि उन्होंने जो देखा है वही बताया है। लोग रामायण में श्री राम को भगवान् मानने की वजह से मानव जीवन की सच्चाई भुला देते है, जबकि वह यह भूल जाते है की श्री राम भगवान् के रूप में एक मानव ही थे, जिन्होंने संसार के कल्याण हेतु जन्म लिया था।

कबीर वह थे जिन्होंने जब अपने जीवन का कुछ समय व्यतीत कर लिया, तब उन्होंने मानव जीवन को समझा और धर्म निष्पक्ष होकर वह बातें बताई, जिनसे मानव जीवन सफल हो सके। मनुष्य अपने कार्यों में सफल हो सके और एक बेहतर इंसान बन सके।

मुझे आशा है की आप कबीर के दोहे और रामायण के ज्ञान द्वारा मानव जीवन की असलियत समझेंगे और अपने जीवन में सफलता प्राप्त करेंगे।

1

दुख में सुमिरन सब करे, सुख में करे न कोय ।
जो सुख में सुमिरन करे, दुख कहे को होय ।।

दुःख में सभी परमात्मा को याद करते है, लेकिन सुख में कोई नहीं करता। यदि हम सुख में भी परमात्मा का ध्यान करें, तो जीवन में दुःख के लिए कोई जगह नहीं बचेगी।

जिस प्रकार रामायण में हनुमान जी हर समय प्रभु श्री राम का ध्यान करते थे। चाहे वह सुखी हो या दुखी, हर समय केवल अपने प्रभु श्री राम का जाप करते थे। इसीलिए वे हमेशा प्रसन्न रहते थे।

तिनका कबहुँ ना निंदिये, जो पाँव तले होय ।
कबहुँ उड़ आँखों मे पड़े, पीर घनेरी होय ।।

तिनके को कभी छोटा नहीं समझना चाहिए चाहे वो आपके पाँव तले हीं क्यूँ न हो क्यूंकि यदि वह उड़कर

आपकी आँखों में चला जाए तो बहुत तकलीफ देता है ।

जैसे रामायण में हनुमान ने छोटा रूप धरकर, द्वार पर खड़ी लंकिनी को एक ही घूँसा मारकर उनको घायल कर दिया था। जबकि लंकनी ने सोचा था की वह इतने छोटे रूप में उनका क्या बिगाड़ लेंगे।

☙

माला फेरत जुग भया, फिरा न मन का फेर ।
कर का मन का डार दें, मन का मनका फेर ।।

कबीरदास जी कहते हैं कि मनुष्य पूरी ज़िन्दगी ईश्वर की माला का जाप करता रहता है, किन्तु मन रुपी मायाजाल में फँसा रहता है। मनुष्य को मन के माया जाल से मुक्त होना चाहिये और उसे काबू में रखना चाहिए। अर्थात मन का सुधार करना चाहिए।

जैसे रामायण में रावण भगवान् शिव का परमभक्त था, किन्तु फिर भी वह अपनी मन की इच्छाओं के मायाजाल से मुक्त नहीं हो पाया, अगर वह परमभक्त होने के साथ-साथ अपने मन को काबू में रखता तो उसका अंत कभी नहीं होता।

☙

गुरु गोविंद दोनों खड़े, काके लागूं पाँय ।
बलिहारी गुरु आपनो, गोविन्द दियो बताय ।।

कबीर जी कहते हैं कि गुरु और भगवान दोनों अगर सामने खड़े हो तो किसके पाँव पहले छूने चाहिए? क्यूंकि दोनों दोनों हीं एक समान हैं । उत्तर - गुरु है क्यूंकि गुरु द्वारा ही तो ईश्वर यानी गोविन्द का ज्ञान प्राप्त हुआ है।

जैसे रामायण में वन में जाने की आज्ञा हेतु श्री राम ने पहले अपने पिता दशरथ के पैर छुए और फिर महर्षि विश्वामित्र जी के। क्यूंकि राजा दशरथ ही श्री राम के गुरु समान थे, जिन्होंने उन्हें ऋषियों का सम्मान करना सिखाया था।

੪੪

कबीर माला मनहि कि, और संसारी भीख ।
माला फेरे हरि मिले, गले रहट के देख ॥

कबीरदास ने कहा है कि माला तो मन कि होती है बाकी तो सब लोक दिखावा है । अगर माला फेरने से ईश्वर मिलता हो तो रहट के गले को देख, कितनी बार माला फिरती है । मन की माला फेरने से हीं परमात्मा को प्राप्त किया जा सकता है ।

जैसे रामायण में रावण और राम दोनों ही भगवान् शिव के भक्त थे। किन्तु श्री राम मन से उनकी पूजा करते थे और अपने सभी कार्यों में यह निश्चिंत करते थे, की उनमें भगवान् शिव की अनुमति हो। इसके विपरीत रावण केवल भगवान् शिव की पूजा द्वारा ही उन्हें

प्रसन्न करने की कोशिश करता था, किन्तु अपने किये कार्यों पर वह कभी ध्यान नहीं देता था। इसीलिए राम-रावण युद्ध के समय भगवान् शिव ने प्रभु श्री राम का साथ दिया।

॰◦

सुख में सुमिरन न किया, दुःख में किया याद ।
कह कबीरा ता दास की, कौन सुने फ़रियाद ॥

मनुष्य सुख में तो अपनों को कभी याद नहीं करता, और दुःख के समय मदद के लिए दौड़ा आता है। कबीर दास जी कहते हैं की ऐसे मनुष्य की प्रार्थना हर कोई नहीं सुनता।

जैसे रामायण में सुग्रीव ने बाली से अपना राज्य पाने के बाद श्री राम को दिया वचन भुला दिया था। जबकि जब वह बाली के आतंक से दुखी था तब उसने श्री राम से मदद मांगी थी।

॰◦

लूट सके तो लूट ले, राम नाम की लूट ।
पाछे फिर पछताओगे, प्राण जाहिं जब छूट ॥

कबीरदास जी ने कहा है की चारो तरफ ईश्वर के नाम की लूट मची है, अगर लेना चाहते हो तो ले लो, जब समय निकल जाएगा तब तू पछताएगा । अर्थात जब

तेरे प्राण निकल जाएंगे तो भगवान का नाम कैसे जप पाएगा ।

जैसे रामायण में हनुमान जी हर समय श्री राम के नाम का जाप करते थे और आनंद प्राप्त करते थे। किन्तु रावण अपने अंत समय में श्री राम का नाम लेते हुए पछताता रहा की उसने ऐसा क्यों नहीं किया।

❧

जहाँ दया तहाँ धर्म है, जहाँ लोभ तहाँ पाप ।
जहाँ क्रोध तहाँ काल है, जहाँ क्षमा तहाँ आप ॥

जहाँ दया है वहीं धर्म है और जहाँ लोभ है वहाँ पाप है, और जहाँ क्रोध है वहाँ काल (नाश) है । और जहाँ क्षमा है वहाँ स्वयं भगवान होते हैं ।

जैसे रामायण में राम द्वारा दया और धर्म। रावण द्वारा लोभ और पाप। बाली द्वारा क्रोध और काल। और अहिल्या द्वारा क्षमा और भगवान् द्वारा उनका उद्धार

❧

धीरे-धीरे रे मना, धीरे सब कुछ होय ।
माली सींचे सौ घड़ा, ऋतु आए फल होय ॥

हे मन! धीरे-धीरे सब कुछ हो जाएगा माली सैंकड़ों घड़े

पानी पेड़ में देता है परंतु फल तो ऋतु के आने पर हीं लगता है । अर्थात धैर्य रखने से और सही समय आने पर हीं काम पूरे होते हैं ।

जैसे रामायण में रावण द्वारा सीता हरण हुआ था और राम द्वारा रावण का विनाश कर माँ सीता को वापस लाया गया था। माँ सीता को वापस लाने में समय लगा और भगवान् राम ने धैर्यपूर्वक अपनी यात्रा की। वह चाहते तो हनुमान द्वारा माँ सीता को तुरंत वापस भी ला सकते थे।

साई इतना दीजिये, जा में कुटुम समाय ।
मै भी भूखा न रहूँ, साधू न भूखा जाय ॥

कबीर दास जी ने ईश्वर से यह प्रार्थना करते हैं की हे परमेश्वर तुम मुझे इतना दो की जिसमे परिवार का गुजारा हो जाय । मुझे भी भूखा न रहना पड़े और कोई अतिथि अथवा साधू भी मेरे द्वार से भूखा न लौटे ।

जैसे रामायण में शबरी और राम का संवाद। जिसमें शबरी के बेर, इस दोहे के अर्थ को बड़ी ही ख़ूबसूरती से समझाते है।

कबीरा ते नर अन्ध हैं, गुरु को कहते और ।
हरि रूठे गुरु ठौर है, गुरु रूठे नहीं ठौर ॥

कबीरदास जी कहते हैं की वे नर अंधे हैं जो गुरु को भगवान से छोटा मानते हैं क्यूंकि ईश्वर के रुष्ट होने पर एक गुरु का सहारा तो है लेकिन गुरु के नाराज होने के बाद कोई ठिकाना नहीं है ।

जैसे रामायण में रावण के गुरु शुक्राचार्य। रावण भगवान् शिव के नाराज़ होने पर गुरु शुक्राचार्य के पास जा सकता था, किन्तु गुरु शुक्राचार्य के नाराज़ होने पर भगवान् शिव के पास नहीं।

पाँच पहर धन्धे गया, तीन पहर गया सोय ।
एक पहर हरि नाम बिनु, मुक्ति कैसे होय ॥

मनुष्य प्रतिदिन के २४ घंटों में से १५ घंटे तो काम धन्धे में लगा देता है और बाकी के ९ घंटे सो जाता है। इस प्रकार जो मनुष्य एक भी पहर हरि भजन के लिए नहीं रखता, फिर उसे मोक्ष की प्राप्ति कैसे हो सकती है।

जैसे रामायण में सभी राक्षस सैनिको के साथ होता था। वह या तो सोते रहते थे या युद्ध के लिए तैयारी करते रहते थे लेकिन भगवान् की पूजा नहीं करते थे। जो राक्षस करते थे वह सिर्फ वरदान प्राप्त होने तक करते थे। इसीलिए सिर्फ उन्हें ही मोक्ष प्राप्त हुआ जो श्री राम के हाथों मारे गए।

৬৩

कबीरा सोया क्या करे, उठी न भजे भगवान ।
जम जब घर ले जायेंगे, पड़ी रहेगी म्यान ॥

कबीरदास जी कहते हैं की मनुष्य सोकर क्या करेगा, उसे उठकर भगवान का जाप करना चाहिए क्यूंकि जिस समय यमराज मनुष्य को अपने साथ ले जाएंगे तो उसका यह शरीर खाली म्यान की तरह वहीँ पड़ा रह जाएगा।

जैसे रामायण में कुम्भकर्ण के साथ हुआ था, वह ज़्यादातर समय सिर्फ सोता रहता था। मरने के बाद यमराज उसे ले गए और उसका शरीर धरती पर पड़ा

रहा।

❧

शीलवन्त सबसे बड़ा, सब रतनन की खान ।
तीन लोक की सम्पदा, रही शील मे आन ॥

जो शील (शान्त एवं सदाचारी) स्वभाव का होता है मानो वो सब रत्नों की खान है क्योंकि तीनों लोकों की माया शीलवन्त (सदाचारी) व्यक्ति में हीं निवास करती है ।

जैसे रामायण में प्रभु श्री राम का शांत एवं सदाचारी चरित्र, जिन्होंने अपने पिता द्वारा वन जाने की आज्ञा का पालन भी किया और माँ कैकयी से कोई बैर भी ना रखा। जिस वजह से तीनो लोकों में उनका गुणगान हुआ।

❧

माया मरी न मन मरा, मर-मर गया शरीर ।
आशा तृष्णा न मरी, कह गए दास कबीर ॥

कबीरदास जी कहते हैं कि जिसके किसी व्यक्ति के मन तथा उसमे घुसी हुई माया का नाश नहीं होता और उसकी आशा तथा इच्छाओं का भी अन्त नहीं होता केवल उसका दिखने वाला शरीर हीं मरता है। यही कारण है कि मनुष्य दुःख रूपी समुद्र मे सदा गोते खाता

रहता है।

जैसे रामायण में रावण के साथ हुआ उसका कई बार जन्म हुआ, कभी हिरण्यकशिपु के रूप में तो कभी शिशुपाल के रूप में क्यूंकि उसका शरीर मर जाने के बाद भी, ना ही उसके मन में घुसी माया का नाश हुआ और ना ही उसकी इच्छाओं का अंत हुआ, जिस कारण उसको बार बार जन्म लेना पड़ा और उसे हर जन्म में दुःख भोगना पड़ा।

माटी कहे कुम्हार से, तू क्या रौंदे मोय।
इक दिन ऐसा आएगा, मैं रौंदूंगी तोय॥

मिट्टी कुम्हार से कहती है कि तू मुझे क्या रौंदता है। एक दिन ऐसा आएगा कि मैं तुझे रौंदूंगी। अर्थात मृत्यु के पश्चात मनुष्य का शरीर इसी मिट्टी मे मिल जाएगा।

जैसे रामायण में राक्षस गण ऋषिमुनियों को बिना कारण मार देते है और परेशान करते थे। और वह मदद के लिए उनसे भीख मांगते रहते थे और फिर किसी प्रतापी ऋषिमुनि के श्राप के कारण मारे जाते थे।

रात गंवाई सोय के, दिन गंवाई खाय ।
हीरा जनम अनमोल था, कौड़ी बदले जाय ॥

रात तो सोने में बिता दी और दिन खाने-पीने में बिता दिया। यह हीरे जैसा अनमोल मनुष्य रूपी जन्म को कौड़ियो मे बदल दिया।

जैसे रामायण में मंथरा थी, जिसने अपना पूरा जीवन व्यर्थ कर दिया और एक भी अच्छा कार्य नहीं किया।

❧

नींद निशानी मौत की, उठ कबीरा जाग ।
और रसायन छांड़ि के, नाम रसायन लाग ॥

कबीरदास जी कहते हैं की, उठो और जागो, नींद मौत की निशानी है। दूसरे रसायनों को छोड़कर तू भगवान के नाम रूपी रसायनों मे मन लगा।

जैसे रामायण से भी यही ज्ञान प्राप्त होता है की, या तो आप हनुमान जी तरह ईश्वर के नाम का जाप करें या फिर कुम्भकर्ण की तरह सोकर अपना समय व्यर्थ करते हुए एक दिन मर जाए।

❧

जो टोकू कांटा बुवे, ताहि बोय तू फूल ।
तोकू फूल के फूल है, बाकू है त्रिशूल ॥

जो तेरे लिए कांटा बोय तू उसके लिए फूल बो । तुझे फूल के फूल मिलेंगे और जो तेरे लिए कांटा बोएगा उसे त्रिशूल के समान तेज चुभने वाले कांटे मिलेंगे। इस दोहे में कबीरदास जी ने या शिक्षा दी है की हे मनुष्य तू सबके लिए भला कर जो तेरे लिए बुरा करेंगें वो स्वयं अपने दुष्कर्मों का फल पाएंगे।

जैसे रामायण में विभीषण के साथ हुआ, रावण हमेशा उसके लिए कांटे बोता रहा लेकिन विभीषण हमेशा अपने भाई रावण का भला ही सोचता रहा। अंत में विभीषण को फूल के समान राज्य मिला और रावण को उसके बोये काँटों द्वारा अंत।

दुर्लभ मानुष जनम है, देह न बारम्बार ।
तरुवर ज्यों पत्ती झड़े, बहुरि न लागे डार ॥

यह मनुष्य जन्म बड़ी मुश्किल से मिलता है और यह देह बार-बार नहीं मिलती । जिस तरह पेड़ से पत्ता झड़ जाने के बाद फिर वापस कभी डाल मे नहीं लग सकती । अतः इस दुर्लभ मनुष्य जन्म को पहचानिए और अच्छे कर्मों मे लग जाइए।

जैसे रामायण में सुग्रीव ने बाली की तरह अपना जीवन व्यर्थ नहीं किया, बल्कि अपने जीवन को अच्छे कर्मों में लगाया और कभी अपने जीवन का दुरूपयोग नहीं किया।

෩

आए हैं सो जाएंगे, राजा रंक फकीर।
एक सिंहासन चढ़ि चले, एक बंधे जंजीर॥

जो आया है वो इस दुनिया से जरूर जाएगा वह चाहे राजा हो, कंगाल हो या फकीर हो सबको इस दुनिया से जाना है लेकिन कोई सिंहासन पर बैठकर जाएगा और कोई जंजीर से बंधकर। अर्थात जो भले काम करेंगें वो तो सम्मान के साथ विदा होंगे और जो बुरा काम करेंगें वो बुराई रूपी जंजीर मे बंधकर जाएंगे।

जैसे रामायण में कोई राजा, कोई राक्षस, कोई देवता। जिसने सिंघासन पर बैठकर अच्छे कर्म किये उन्हें सम्मान मिला और जिन्होंने बुरे कर्म किये अपमानित

होकर दुनिया से जाना पड़ा।

૭

काल करे सो आज कर, आज करे सो अब।
पल में प्रलय होएगी, बहुरि करेगा कब॥

जो कल करना है उसे आज कर और जो आज करना
है उसे अभी कर। समय और परिस्थितियाँ एक पल मे
बदल सकती हैं, एक पल बाद प्रलय हो सकती हैं अतः
किसी कार्य को कल पर मत टालिए।

जैसे रामायण में हनुमान जी जब संजीवनी बूटी लेने
गए और उन्हें समझ नहीं आया की संजीवनी बूटी कौन
सी है तो उन्होंने देर ना करते हुए पूरा पर्वत उठा लिया
क्यूंकि अगर वह समय व्यर्थ करते तो भाई लक्ष्मण की
जान नहीं बच पाती।

૭

माँगन मरण समान है, मति माँगो कोई भीख।
माँगन ते मरना भला, यही सतगुरु की सीख॥

माँगना मरने के बराबर है इसलिए किसी से भीख मत
माँगो। सतगुरु की यही शिक्षा है की माँगने से मर जाना
बेहतर है अतः प्रयास यह करना चाहिये की हमे जो भी
वस्तु की आवश्यकता हो उसे अपने मेहनत से प्राप्त करें
न की किसी से माँगकर।

जैसे रामायण में श्री राम ने सीता के अपहरण के बाद भी माँ सीता को ढूंढने में कभी किसी से कोई मदद नहीं मांगी, बल्कि वह खुद उनकी खोज में लगे रहे और उनकी मेहनत और प्रयास देखकर लोग उनसे जुड़ते रहे और किसी मतलब के अपनी इच्छा से उनका साथ देते रहे।

जहाँ आपा तहाँ आपदा, जहाँ संशय तहाँ रोग ।
कह कबीर यह क्यों मिटे, चारों धीरज रोग ॥

जहाँ मनुष्य में घमंड हो जाता है उस पर आपत्तियाँ आने लगती हैं और जहाँ संदेह होता है वहाँ वहाँ निराशा और चिंता होने लगती है। कबीरदास जी कहते हैं की यह चारों रोग धीरज से हीं मिट सकते हैं ।

जैसा रामायण में रावण के साथ हुआ, उसके घमंड ने उसके सभी भाईयों और बेटों की जान ले ली और हर किसी के मृत्यु के साथ उसकी निराशा और चिंता बढ़ती रही। अगर उसमें घमंड ना होता, तो वह माँ सीता को छोड़ देता और उसके बेटों और भाइयों की मृत्यु भी नहीं होती।

माया छाया एक सी, बिरला जाने कोय ।
भागता के पीछे लगे, सम्मुख भागे सोय ॥

माया और छाया एक जैसी है इसे कोई-कोई ही जानता है यह भागने वालों के पीछे ही भागती है, और जो सम्मुख खड़ा होकर इसका सामना करता है तो वह स्वयं हीं भाग जाती है ।

जैसे रामायण में जब हनुमान के पूछ में आग लगते वक़्त रावण हनुमान से कहता है की मृत्यु मेरी दासी है जो आज तेरे प्राण हरने आयी है। इसके विपरीत हनुमान जी उत्तर देते है की, हे माया के वशीभूत रावण, मृत्यु की छाया मेरे समीप तो खड़ी है किन्तु वह देख तुझे रही है।

೧೦

आया था किस काम को, तू सोया चादर तान ।
सूरत सम्हाल ऐ गाफिल, अपना आप पहचान ॥

कबीरदास जी कहते हैं की तू चादर तान कर सो रहा है, अपने होश ठीक कर और अपने आप को पहचान, तू किस काम के लिए आया था और तू कौन है ? स्वयं को पहचान और अच्छे कर्म कर।

जैसे रामायण में सुग्रीव ने श्री राम से माँ सीता की खोज का वादा किया किन्तु बाली की मृत्यु के पश्चात, वह अपना वादा भूलकर खुद के सुख और नींद में लग गया था। तब हनुमान जी ने सुग्रीव को समझाया था की सुग्रीव होश में आयो और पहचानो खुद को की तुम्हारा

जन्म किस कार्य के लिए हुआ था।

∽

क्या भरोसा देह का, बिनस जात छिन मांह ।
साँस-साँस सुमिरन करो और यतन कुछ नांह ॥

इस शरीर का क्या विश्वास है यह तो पल-पल मिटता हीं जा रहा है इसीलिए अपने हर साँस पर हरी का सुमिरन करो और दूसरा कोई उपाय नहीं है ।

जैसे रामायण में पुत्र वियोग में श्री राम की वापसी का इंतज़ार करते हुए राजा दशरथ के प्राण निकल गए थे, किन्तु अंत समय तक भी वह वह राम नाम का सुमिरन करते रहे और अपने जीवन को सफल बना गए।

∽

गारी हीं सों उपजे, कलह, कष्ट और मींच ।
हारि चले सो साधु है, लागि चले सो नीच ॥

गाली (दुर्वचन) से हीं कलह, दुःख तथा मृत्यु पैदा होती है जो गाली सुनकर हार मानकर चला जाए वही साधु जानो यानी सज्जन पुरुष। और जो गाली देने के बदले में गाली देने लग जाता है वह नीच प्रवृति का है।

जैसे रामायण में परशुराम द्वारा क्रोध में कहे वचनो को सुनने के पश्चात भी श्री राम ने उन्हें पलटकर जवाब

नहीं दिया। बल्कि एक सज्जन पुरुष की तरह उन्हें समझने का प्रयास किया।

❦

दुर्बल को न सताइए, जाकि मोटी हाय ।
बिना जीव की साँस सों, लोह भस्म हो जाय ॥

कमजोर को कभी नहीं सताना चाहिए जिसकी हाय बहुत बड़ी होती है जैसा आपने देखा होगा बिना जीव (प्राणहीन) की धौंकनी (आग को हवा देने वाला पंखा) की साँस से लोहा भी भस्म हो जाता है ।

जैसे रामायण में रावण जिन कमजोर मनुष्यो और ऋषियों पर अत्याचार करता था। उनकी हाय पाकर उसने अपना विनाश निर्धारित करवा लिया। ना वह उन कमजोरो पर अत्याचार करता और ना श्री राम को उसके अंत के लिए मनुष्य जीवन में अवतार लेना पड़ता।

❦

दान दिए धन ना घटे, नदी न घटे नीर ।
अपनी आँखों देख लो, यों क्या कहे कबीर ॥

कबीर जी कहते हैं कि तुम ध्यान से देखो कि नदी का पानी पीने से कम नहीं होता और दान देने से धन नहीं घटता।

जैसे रामायण में राम-राज्य को सबसे बेहतर माना जाता है क्यूंकि उनकी प्रजा में हर व्यक्ति की मदद होती थी और इससे उनके राज्य में वृद्धि ही हुई।

◖❀◗

अवगुण कहूँ शराब का, आपा अहमक़ साथ ।
मानुष से पशुआ करे, दाय गाँठ से खात ॥

मैं तुमसे शराब की बुराई करता हूँ कि शराब पीकर आदमी आप (स्वयं) पागल होता है, मूर्ख और जानवर बनता है और जेब से रकम भी लगती है सो अलग ।

जैसे रामायण में इंद्र ने मदिरा पीकर अहिल्या के साथ दुष्कर्म किया और उसकी मूर्खता की सजा उसके साथ-साथ अहिल्या को भी पत्थर बनकर भुगतनी पड़ी।

◖❀◗

बाजीगर का बांदरा, ऐसा जीव मन के साथ ।
नाना नाच दिखाय कर, राखे अपने साथ ॥

जिस तरह बाजीगर अपने बन्दर से तरह-तरह के नाच दिखाकर अपने साथ रखता है उसी तरह मन भी जीव के साथ है वह भी जीव को अपने इशारे पर चलाता है।

जैसे रामायण में शूर्पणखा थी जिसका मन कभी किसी एक मर्द पर नहीं टिकता था, वे हमेशा अपने मन के

इशारे पर नाचती रहती थी।

❧

अटकी भाल शरीर में, तीर रहा है टूट ।
चुम्बक बिना निकले नहीं, कोटि पट्ठन को फूट।।

जैसे की शरीर में तीर कि भाला अटक जाती है और वह बिना चुम्बक के नहीं निकाल सकती इसी प्रकार तुम्हारे मन में जो खोट (बुराई) है वह किसी महात्मा के बिना नहीं निकल सकती, इसीलिए तुम्हें सच्चे गुरु कि आवश्यकता है।

जैसे रामायण में रावण और उसके गुरु शुक्राचार्य। जिन्होंने कई बार रावण के अंदर की बुराई का विनाश किया, किन्तु उसका अहंकार ना समाप्त कर पाए क्यूंकि अहंकार उसके शरीर में तीर कि भाला की तरह अटक गया था, जो किसी चुम्बक से नहीं निकला।

❧

कबीरा जपना काठ कि, क्या दिखलावे मोय ।
हृदय नाम न जपेगा, यह जपनी क्या होय ॥

कबीर जी कहते हैं की इस लकड़ी की माला से ईश्वर का जाप करने से क्या होता है? यह क्या असर दिखा सकता है? यह मात्र दिखावा है और कुछ नहीं। जब तक तुम्हारा मन (हृदय) ईश्वर का जाप नहीं करेगा तब तक जाप

करने का कोई फायदा नहीं ।

जैसे रामायण में जब हनुमान जी को माँ सीता द्वारा मोतियों का हार भेठ किया गया और उन्होंने एक-एक करके सारे मोती तोड़ दिए, तब नारद ने पूछा की यह कीमती हार क्यों तोड़ दिया? हनुमान बोले यह हीरे मोती किसी में भी मेरे प्रभु श्री राम नहीं। तब नारद बोले - क्या तुम्हारे भीतर है? तब हनुमान ने सीना चीर के दिखा दिया की उनके मन के भीतर केवल प्रभु राम का वास है।

ॐ

पतिव्रता मैली, काली कुचल कुरूप ।
पतिव्रता के रूप पर, वारो कोटि सरूप ॥

कबीरदास जी कहते हैं कि पतिव्रता स्त्री चाहे मैली-कुचैली और कुरूपा हो लेकिन पतिव्रता स्त्री की इस एकमात्र विशेषता पर समस्त सुंदरताएँ न्योछावर हैं।

जैसे रामायण में माता अहिल्या का चरित्र। भले की उनके साथ गलत हुआ किन्तु आजीवन उन्होंने पतिव्रता धर्म का पालन और सीता माँ को भी उसका ज्ञान दिया।

ॐ

वैद्य मुआ रोगी मुआ, मुआ सकल संसार ।
एक कबीरा ना मुआ, जेहि के राम अधार ॥

कबीरदास जी कहते हैं कि बीमार मर गया और जिस वैद्य का उसे सहारा था वह भी मर गया । यहाँ तक कि कुल संसार भी मर गया लेकिन वह नहीं मरा जिसे सिर्फ राम का आसरा था। अर्थात राम नाम जपने वाला हीं अमर है।

जैसे रामायण में सदा राम नाम का जाप करने वाले वीर हनुमान, जिन्हे उनकी भक्ति के लिए श्री राम ने, हनुमान जी के मना करने के बाद भी उन्हें अमरता का वरदान दिया।

ॐ

हद चले सो मानव, बेहद चले सो साध ।
हद बेहद दोनों ताजे, ताको भाता अगाध ॥

जो मनुष्य सीमा तक काम करता है वह मनुष्य है जो सीमा से अधिक कार्य की परिस्थिति में ज्ञान बढ़ावे वह साधु है । और जो सीमा से अधिक कार्य करता है। विभिन्न विषयों में जिज्ञासा कर के साधना करता रहता है उसका ज्ञान अत्यधिक होता है ।

जैसे रामायण में श्री राम का चरित्र। उन्होंने विश्वामित्र द्वारा सिखाई विद्या को सीखा भी और उनमें निपुण भी हुए और अपने ज्ञान की सीमा को इस हद तक बढ़ा लिया की, रावण के अंत समय तक भी, उसे सीता को

वापस लौटाने का आखिरी मौका देते रहे।

॰೧೦

राम रहे वन भीतरे, गुरु की पूजी न आस ।
कहे कबीर पाखंड सब, झूठे सदा निराश ॥

बिना गुरु की सेवा किए और बिना गुरु की शिक्षा के जिन झूठे लोगों ने यह जान लिया है कि राम वन में रहते हैं अतः परमात्मा को वन में प्राप्त किया जा सकता है। कबीर दास जी कहते हैं कि यह सब पाखंड है। झूठे लोग कभी भी परमात्मा को ढूँढ नहीं सकते हैं। वे सदा निराश हीं होंगे ।

जैसे रामायण में रावण ने गुरु शुक्राचार्य से समस्त ज्ञान प्राप्त नहीं किया, जिस कारण ना वह हनुमान के भीतर शिव को देख सके और ना ही श्री राम के भीतर भगवान् विष्णु को। केवल शिवलिंग लिए वन में घूमते रहे और अंत में उसे शिवलिंग भी वहीँ छोड़ना पड़ा क्यूंकि उसे वह धरा से निकाल ना सका।

॰೧೦

जाके जिव्या बन्धन नहीं, हृदय में नहीं साँच ।
वाके संग न लागिये, खाले वटिया काँच ॥

जिसको अपनी जीभ पर नियंत्रण नहीं है और मन में सच्चाई भी नहीं है ऐसे व्यक्ति के साथ नहीं रहना

चाहिए । ऐसे मनुष्य के साथ रहकर कुछ भी प्राप्त नहीं किया जा सकता है ।

जैसे रामायण में माँ कैकयी और मंथरा। मंथरा से साथ रहकर कैकयी ने सिवाय अपमान के कुछ प्राप्त नहीं किया। जिस बेटे के लिए सिंघासन माँगा था, उस बेटे के प्रेम से भी विमुख हो बैठी।

❦

तीरथ गए थे एक फल, संत मिले फल चार ।
सतगुरु मिले अनेक फल, कहें कबीर विचार ॥

कबीर कहते हैं तीर्थ करने से एक फल मिलता है और संत महात्मा से चार फल, यदि सतगुरु मिल जाएँ तो सारे पदार्थ मिल जाते हैं। और किसी वस्तु कि चिंता नहीं रहती।

जैसे रामायण में शबरी की श्री राम के प्रति सच्ची श्रद्धा। जो उसे उनके दर्शन से प्राप्त हुई। और उसके पश्चात उसे अपनी मृत्यु की भी चिंता नहीं रही क्यूंकि उसे सभी तीर्थों से बढ़कर, प्रभु श्री रामजी के दर्शन का सुख प्राप्त हो गया था।

❦

सुमरण से मन लाइए, जैसे पानी बिन मीन ।
प्राण तजे बिन बिछड़े, संत कबीर कह दिन ॥

कबीरदास जी कहते हैं कि जैसे मछली जल से एक दिन के लिए भी बिछड़ जाती है तो उसे चैन नहीं पड़ता । ऐसे हीं सबको हर समय ईश्वर के स्मरण में लगना चाहिए।

जैसे रामायण में राजा दशरथ का प्रभु श्री राम से बिछड़ना। श्री राम अपने पिता दशरथ के लिए उस जल के समान थे, जो प्राप्त ना होने पर उनके प्राण ना रहे।

❦

समझाये समझे नहीं, पर के साथ बिकाय।
मैं खींचत हूँ आपके, तू चला जमपुर जाए॥

कबीरदास जी कहते हैं कि मैं तुम्हें अपनी ओर खींचता हूँ पर तू दूसरे के हाथ बिका जा रहा है और यमलोक कि ओर चला जा रहा है। मेरे इतने समझाने पर भी तू नहीं समझता।

जैसे रामायण में मंदोदरी द्वारा रावण को श्री राम से युद्ध ना करने और माँ सीता को लौटने के लिए बार-बार समझाना। किन्तु रावण यह देख नहीं पा रहा था की उसके और यमलोक के बीच की दूरी कम होती जा रही है, जो मंदोदरी साफ़ देख पा रही थी।

❦

हंसा मोती विणन्या, कुंचन थार भराय ।
जो जन मार्ग न जाने, सो तिस कहा कराय॥

सोने के थाल में मोती भरे हुए बिक रहे हैं। लेकिन जो उनकी कद्र नहीं जानते वह क्या करें, उन्हे तो हंस रूपी जौहरी हीं पहचान कर ले सकता है।

जैसे रामायण में धरती पर अवतरित हुए श्री राम के सौंदर्य और चरित्र की हर कोई प्रशंसा करता रहा लेकिन रावण यह ना समझ पाया। जबकि विभीषण श्री राम को पहचान चुका था।

कहना था सो कह चले, अब कुछ कहा न जाय ।
एक रहा दूजा गया, दरिया लहर समाय ॥

मुझे जो कहना था वो मैंने कह दिया और अब जा रहा हूँ, मुझसे अब कुछ और कहा नहीं जाता । एक ईश्वर के अलावा सब नश्वर है और हम सब इस संसार को छोड़ कर चले जायेंगे । लहरें कितनी भी ऊँची उठ जाएँ वो वापस नदी में हीं आकार उसमें समा जाएँगी ठीक उसी प्रकार हम सब को परमात्मा के पास वापस लौट जाना है ।

जैसे महऋषि वाल्मीकि द्वारा मानव जीवन के के उद्धार के लिए रामायण का ज्ञान प्रदान करना और उन्हें यह समझाना की मानव जीवन किसी के लिए आसान नहीं होता, चाहे भगवान् ही उस रूप में अवतरित क्यों ना हो।

ॐ

वस्तु है सागर नहीं, वस्तु सागर अनमोल ।
बिना करम का मानव, फिरैं डांवाडोल ॥

ज्ञान रूपी अमूल्य वस्तु तो आसानी से उपलब्ध है परन्तु उसको लेने वाला कोई नहीं है क्योंकि ज्ञान रूपी रत्न बिना सत्कर्म और सेवा के नहीं मिलता । लोग बिना कर्म किए ज्ञान पाना चाहते हैं अतः वे इस अनमोल वस्तु से वंचित रह जाते हैं।

जैसे रामायण में रावण का अहंकारी चरित्र, जिसने ज्ञान को नहीं माया को अपने जीवन में महत्तवता दी और

उसी माया जाल में फँसकर खुद का अंत कर बैठा।

෧෨

कली खोटा जग आंधरा शब्द न माने कोय ।
चाहे कहूँ सत आईना, जो जग बैरी होय ॥

यह कलयुग खोटा है और सारा जग अंधा है मेरी बातों को कोई नहीं मानता बल्कि जिसको भली बात बताता हूँ वही मेरा दुश्मन हो जाता है ।

जिसे रामायण में विभीषण का लंका में श्री राम के गुणगान करना। वह जिसे भी श्री राम के गुणों के बारे में बताता वह सब उसके दुश्मन बन जाते थे।

෧෨

कामी, क्रोधी, लालची इनसे भक्ति न होय ।
भक्ति करे कोई सूरमा, जाति, वरन, कुल खोय ॥

कबीरदास जी कहते हैं कि कामी, क्रोधी, लोभी इन तीनों से भक्ति नहीं हो सकती । भक्ति तो कोई शूरवीर ही कर सकता है जिसने जाति, वर्ण और कुल का मोह त्याग दिया हो ।

जैसे रामायण में अपने अंत से पहले मेघनाथ द्वारा शिव पूजन करना, जो सफल नहीं हो सका, क्यूंकि उसकी भक्ति में काम, क्रोध, लोभ इन तीनो का वास

था। अगर उसकी भक्ति में इन तीनो का समावेश नहीं होता भगवान् शिव स्वयं उसकी भक्ति में आयी बाधा को मिटा देते। सच्ची भक्ति तो केवल हनुमान की प्रभु श्री राम के लिए थी। जिसमें किसी प्रकार का कोई मोह नहीं था।

जागन मे सोवन करे, साधन मे लौ लाय ।
सूरत डोर लागी रहै, तार टूट नाहिं जाय ॥

जगते हुए मे भी सोये हुए के समान हरि को याद करते रहना चाहिए। कहीं ऐसा न हो कि हरि नाम का तार टूट जाय । अर्थात प्राणी को जागते-सोते हर समय ईश्वर का स्मरण करते रहना चाहिए।

जैसे रामायण में विभीषण का जागते समय सदा श्री राम के भजन में लीन रहना। जिस कारण उसे भगवान् श्री राम के दर्शन का सुख प्राप्त हुआ। यदि वह अपने भाई रावण की बातों में आकर ईश्वर का स्मरण और जाप नहीं करता तो उसका भी अंत निश्चित था।

साधू ऐसा चाहिए, जैसा सूप सुभाय ।
सार-सार को गहि रहे, थोथ देइ उड़ाय ॥

कबीरदास जी कहते हैं – साधू को सूप के समान होना

चाहिए, जिस प्रकार सूप अनाज के दानों को अपने पास रख लेता है और छिलकों को हवा में उड़ा देता है । उसी प्रकार साधू (ईश्वर कि भक्ति करने वाला) को सिर्फ ईश्वर का ध्यान करना चाहिए व्यर्थ के माया मोह का त्याग कर देना चाहिए।

जैसे रामायण में महर्षि वाल्मीकि जी का चरित्र, जिन्होंने मोह माया त्याग कर, अपना जीवन श्री राम की भक्ति और वन में माँ सीता की और लव-कुश की सेवा करते हुए बिताया।

❧

लगी लग्न छूटे नाहिं, जीभी चोंच जरि जाय ।
मीठा कहा अंगार में, जाहि चकोर चबाय ॥

जिस वस्तु कि किसी को लगन लग जाती है उसे वह नहीं छोड़ता । चाहे कितनी हीं हानि क्यूँ न हो जाय, जैसे अंगारे में क्या मिठास होती है जिसे चकोर (पक्षी) चबाता है? अर्थ यह है कि चकोर कि जीभ और चोंच भी जल जाय तो भी वह अंगारे को चबाना नहीं छोड़ता वैसे हीं भक्त को जब ईश्वर कि लगन लग जाती है तो चाहे कुछ भी हो वह ईश्वर भक्ति नहीं छोड़ता।

जैसे रामायण में रावण ने माँ सीता को नहीं छोड़ा। उसके भाई, बेटे सबकी मृत्यु होती चली गयी किन्तु उसके बाद भी उसने सीता मैया को राम को नहीं सौंपा।

❧

भक्ति गेंद चौगान कि, भावे कोई ले जाय ।
कह कबीर कछु भेद नहिं, कहाँ रंक कहाँ राय ॥

कबीरदास जी कहते हैं कि ईश्वर भक्ति तो गेंद के समान है । चाहे जो ले जाय इसमे क्या राजा और क्या कंगाल किसी में कुछ भेद नहीं समझा जाता । चाहे जो ले जाय ।

जैसे रामायण में श्री राम की भक्ति, चाहे अगत्स्य ऋषि के आश्रम में राम की कथा सुनने पहुँचे भगवान् शिव हो, चाहे हनुमान, चाहे भारत, चाहे राजा दशरथ या रावण का भाई विभीषण। श्री राम ने कभी भी किसी की भक्ति की तुलना नहीं की और ना ही किसी को खुद की भक्ति करने से रोका।

౭౨

अंतर्यामी एक तुम, आत्मा के आधार ।
जो तुम छोड़ो हांथ तो, कौन उतारे पार ॥

हे प्रभु आप हृदय की बात जानने वाले और आप हीं आत्मा के मूल हो, जो तुम्हीं हांथ छोड़ दोगे तो हमें और कौन पार लगाएगा ।

रामायण में जब श्री राम वन को जा रहे थे और उनके लाख मन करने पर भी सभी अयोध्यावासी उनके साथ चल दिए थे। तब श्री राम ने उन्हें वापस जाने को कहा -

तब अयोध्यावासी बोले की, हे प्रभु! अगर आप ही हमारा साथ छोड़के चले जायेंगे तो हमारा क्या होगा?

❧

मैं अपराधी जन्म का, नख-शिख भरा विकार ।
तुम दाता दुख भंजना, मेरी करो सम्हार ॥

मै जन्म से हीं अपराधी हूँ, मेरे नाखून से लेकर चोटी तक विकार भरा हुआ है, तुम ज्ञानी हो दु:खों को दूर करने वाले हो, हे प्रभु तुम मुझे सम्हाल कर कष्टों से मुक्ति दिलाओ ।

जैसे रामायण में कुम्भकर्ण ने अंत में श्री राम से इसी प्रकार विनती की थी, की प्रभु आप मेरा संघार करें और मुझे मुक्ति दिलायें।

❧

प्रेम न बाड़ी उपजै, प्रेम न हाट बिकाय ।
राजा प्रजा जेहि रुचें, शीश देई ले जाय ॥

प्रेम न तो बागों में उगता है और न बाज़ारों में बिकता है, राजा या प्रजा जिसे वह अच्छा लगे वह अपने आप को न्योछावर कर के प्राप्त कर लेता है ।

जैसे रामायण में भरत जी का चरित्र था, जिन्होंने अपना जीवन और सिंघासन अपने बड़े भाई श्री राम के चरणों

में न्योछावर कर दिया था।

෨෧

प्रेम प्याला जो पिये, शीश दक्षिणा देय ।
लोभी शीश न दे सके, नाम प्रेम का लेय ॥

जो प्रेम का प्याला पीता है वह अपने प्रेम के लिए बड़ी से बड़ी आहुति देने से भी नहीं हिचकता, वह अपने सर को भी न्योछावर कर देता है । लोभी अपना सिर तो दे नहीं सकता, अपने प्रेम के लिए कोई त्याग भी नहीं कर सकता और नाम प्रेम का लेता है ।

जैसे रामायण में श्री राम ने राम-राज्य स्थापित करने हेतु अपने प्राणो से भी प्यारी पत्नी सीता को त्याग दिया था। लोभी मनुष्य ऐसा कभी नहीं करता।

෨෧

सुमिरन सों मन लाइए, जैसे नाद कुरंग ।
कहैं कबीर बिसरे नहीं, प्राण तजे तेहि संग ॥

कबीरदास जी कहते हैं की भक्त भगवान् की पूजा में इस प्रकार मन लगाता है, उसे एक क्षण के लिए भी भुलाता नहीं, यहाँ तक की प्राण भी उसी के ध्यान में दे देता है । अर्थात वह प्रभु भक्ति में इतना तल्लीन हो जाता है की उसे शिकारी (प्राण हरने वाला) के आने का भी पता नहीं चलता ।

जैसे रामायण में रावण ने शिव से वरदान पाने हेतु तपस्या की थी। सारे देवताओं ने उसे रोकने का प्रयास किया, किन्तु वह उनकी भक्ति में इस कदर तल्लीन था की उसे अपने ऊपर हुए किसी भी प्रहार का एहसास तक नहीं हुआ ।

⚬❥

सुमिरत सूरत जगाय कर, मुख से कछु न बोल ।
बाहर का पट बंद कर, अन्दर का पट खोल ॥

एकचित्त होकर परमात्मा का सुमिरन कर और मुँह से कुछ न बोल, तू बाहरी दिखावे को बंद कर के अपने सच्चे दिल से ईश्वर का ध्यान कर।

जैसे रामायण में जब हनुमान संजीवनी बूटी लेने जा रहे थे तब मायावी कालनेमि राक्षस ने श्री राम के नाम का जाप करने का दिखावा किया था, ताकि हनुमान वहाँ रुक जाए और समय रहते संजीवनी बूटी ना ला पाए। किन्तु जब उस दिखावे का हनुमान जी को पता चल तो उन्होंने उसका वध कर दिया।

⚬❥

छीर रूप सतनाम है, नीर रूप व्यवहार ।
हंस रूप कोई साधु है, सत का छाननहार ।

परमात्मा का सच्चा नाम दूध के समान है और पानी के जैसा इस संसार का व्यवहार है। पानी मे से दूध को अलग करने वाला हंस जैसा साधू (सच्चा भक्त) होता है जो दूध को पानी मे से छानकर पी जाता है और पानी छोड़ देता है ।

जैसे रामायण में श्री राम ने सभी राक्षसों का वध करके, समस्त संसार को पवित्र किया था।

☙❧

ज्यों तिल मांही तेल है, ज्यों चकमक में आग ।
तेरा सांई तुझमें, बस जाग सके तो जाग ॥

जिस तरह तिलों में तेल और चकमक पत्थर में आग छुपी रहती है वैसे हीं तेरा सांई (मालिक) परमात्मा तुझमें है अगर तू जाग सकता है तो जाग और अपने अंदर ईश्वर को देख और अपने आप को पहचान ।

जैसे रामायण में हनुमान जी के अंदर कई चमत्कारी शक्तियाँ छुपी थी, इसका बोध उन्हें तबतक नहीं हुआ था। जब तक जामवंत द्वारा उन्हें उनका ज्ञान नहीं मिला था। जामवंत द्वारा बतलाने पर उन्होंने अपने आप को पहचाना और एक छलांग में समुन्द्र पार कर गए।

☙❧

जा कारण जग ढूँढ़िया, सो तो घट ही मांहि ।
परदा दिया भरम का, ताते सूझे नाहिं ।।

जिस भगवान को तू सारे संसार में ढूँढता फिरता है ।
वह मन में ही है । तेरे अंदर भ्रम का परदा दिया हुआ है
इसलिए तुझे भगवान दिखाई नहीं देते ।

जैसे रामायण में देवराज इंद्र का पुत्र जयंत था। जो
भ्रमवश यह भूल गया था की जिस श्री राम की परीक्षा
लेने हेतु वह कौआ का रूप धारण कर रहा है। वह उसके
इष्ट भगवान् विष्णु के ही रूप है।

◌◌

जबही नाम हिरदे धरा, भया पाप का नाश ।
मानो चिंगारी आग की, परी पुरानी घास ।।

कबीरदास जी कहते हैं कि भगवान का नाम लेते ही पाप
का नाश हो जाता है जिस तरह अग्नि की चिंगारी पुरानी
घास पर पड़ते ही घास जल जाती है इसी तरह ईश्वर का
नाम लेते ही सारे पाप दूर हो जाते हैं ।

जैसे रामायण में जिन राक्षसों ने मरते वक़्त श्री राम का
नाम लिया था, उन सभी को मोक्ष प्राप्त हुआ। क्यूंकि
श्री राम द्वारा वध होने से उनके सभी पापों का विनाश
हो गया था।

◌◌

नहीं शीतल है चंद्रमा, हिम नहीं शीतल होय ।
कबीरा शीतल सन्त जन, नाम सनेही सोय ।।

कबीर जी कहते है कि न तो शीतलता चंद्रमा में है न ही शीतलता बर्फ में है वही सज्जन शीतल हैं जो परमात्मा के प्यारे हैं अर्थात वास्तविकता मन की शांति ईश्वर-नाम में है ।

जैसे रामायण में परशुराम जी के क्रोधित होने पर, श्री राम ने बड़ी ही शीतलता के साथ उन्हें जवाब दिया और उन्होंने श्रीराम के धनुष तोड़ने के पश्चात भी उन्हें माफ़ कर दिया। और रावण से लड़ने हेतु द्वंदव युद्ध की शिक्षा दी।

ॐ

आहार करे मन भावता, इंदी किए स्वाद ।
नाक तलक पूरन भरे, तो का कहिए प्रसाद ।।

जो मनुष्य इंद्रियों के स्वाद के लिए पूर्ण नाक तक भरकर खाये तो प्रसाद कहाँ रहा? तात्पर्य यह है कि भोजन या आहार शरीर की रक्षा के लिए सोच समझकर करें तभी वह उत्तम होगा ।

जैसे रामायण में जब श्रीराम, सीता और लक्ष्मण वन में थे तब निषादराज ने उनके समक्ष बहुत अधिक भोजन रख दिया था, किन्तु उन्होंने उतना ही ग्रहण किया जितना प्रसाद ग्रहण करते है। क्यूंकि उनके लिए वह

ईश्वर के द्वारा भिजवाया प्रसाद था।

༺ঔ༻

जब लग नाता जगत का, तब लग भागिति न होय ।
नाता जोड़े हरि भजे, भगत कहावें सोय ।।

कबीरदास जी कहते हैं कि जब तक संसार का संबंध है यानी मन सांसारिक वस्तुओं में आसक्त है तब तक भक्ति नहीं हो सकती जो संसार का संबंध तोड़ दे और भगवान का भजन करे, वही भक्त होते हैं।

जैसे रामायण में शबरी, जिसका संसार से कोई मोह नहीं था। वह केवल श्री राम के दर्शन हेतु सदैव उनकी भक्ति करती रहती थी। जिस कारण भगवान् राम ने शबरी द्वारा खिलाये झूठे बेर का तात्पर्य समझा और उन्हें ग्रहण किया।

༺ঔ༻

जल ज्यों प्यारा माहरी, लोभी प्यारा दाम ।
माता प्यारा बारका, भगति प्यारा नाम ।।

जैसे मछली को पानी प्यारा लगता है, लोभी को धन प्यारा लगता है, माता को पुत्र प्यारा लगता है वैसे ही भक्त को भगवान प्यारे लगते है ।

जैसे रामायण में रावण को अहंकार, कुबेर को धन, माँ

अंजनी को पुत्र हनुमान, और हनुमान जी को श्री राम प्यारे लगते थे।

❦

दिल का मरहम ना मिला, जो मिला सो गर्जी ।
कह कबीर आसमान फटा, क्योंकर सीवे दर्जी ।।

लोगों का स्वार्थ देखकर मनरूपी आकाश फट गया । उसे दर्जी क्योंकर सी सकता है! वह तो तब ही ठीक हो सकता है जब कोई हृदय का मर्म जानने वाला मिले ।

जैसे रामायण में दशरथ का कैकेयी का स्वार्थी होकर, वरदान स्वरुप, राम के वन जाने का वचन माँगना। माँ की ममता का मोल कैकेयी ने तब समझा जब, भरत उनकी इस बात की वजह से उनसे दूर हो गए।

❦

बानी से पहचानिए, साम चोर की धात ।
अंदर की करनी से सब, निकले मुँह की बात ।।

सज्जन और दुष्ट को उसकी बातों से पहचाना जाता है क्योंकि उसके अंदर का सारा वर्णन उसके मुँह द्वारा पता चलता है। व्यक्ति जैसे कर्म करता है उसी के अनुसार उसका व्यवहार बनता है।

जैसे रामायण में श्री राम का विभीषण और रावण में

फर्क पहचानना। जबकि सभी लोग विभीषण को साथ रखने के पक्ष में नहीं थे। इसके पश्चात भी श्री राम ने विभीषण की बात सुनी और उसपर विश्वास किया।

☙

जब लगि भगति सकाम है, तब लग निष्फल सेव ।
कह कबीर वह क्यों मिले, निष्कामी तज देव ।।

जब तक भक्ति इच्छा सहित है तब तक परमात्मा की सेवा व्यर्थ है । अर्थात भक्ति बिना कामनाओं के करनी चाहिए । कबीरदास जी कहते हैं कि जब तक इच्छाओं से रहित भक्ति न हो तब तक परमात्मा कैसे मिल सकता है? अर्थात नहीं मिल सकता ।

जैसे रामायण में सभी राक्षस कुछ ना कुछ पाने की इच्छा से ही शिव, ब्रह्मा, या विष्णु की पूजा करते थे और अपनी शक्तियों का दुरूपयोग करते थे। और फिर बिना इच्छा के ईश्वर की पूजा नहीं करते थे। जिस कारण उनके विनाश के लिए ईश्वर खुद किसी ना किसी स्वरुप में प्रकट होते थे।

☙

फूटी आँख विवेक की, लखे ना सन्त-असन्त ।
जाके संग दस-बीस हैं, ताको नाम महन्त ।।

जिसकी ज्ञान रूपी आँखें फूटी हुई हैं वह सन्त-असन्त

को कैसे पहचाने? उनकी यह स्थिति है कि जिसके साथ दस-बीस चेले देखें उसी को महन्त समझ लिया।

जैसे रामायण में रावण ने हनुमान को सिर्फ एक वानर समझकर उनकी पूछ में आग लगा दी। और उन्हें पहचान ना सका की वह उसके आराध्य भगवान् शिव के ही स्वरूप है।

❧

दया भाव हृदय नहीं, ज्ञान थके बेहद।
ते नर नरक ही जाएंगे, सुनी-सुनी साखी शब्द।।

जिसके हृदय के अंदर दया तो लेशमात्र नहीं और वह ज्ञान की बातें खूब बनाते हैं वे आदमी चाहे जितनी साखी (भगवान की कथा) क्यों न सुने उन्हें नरक ही मिलेगा।

जैसे रामायण में खर-दूषण राक्षस, जिनमें दया का कोई भाव नहीं था और खूब बातें बनाते थे। अंत में शूपर्णखा के कहने पर श्री राम से युद्ध करके दोनों मारे गए।

❧

दया कौन पर कीजिये, का पर निर्दय होय।
सांई के सब जीव है, कीरी कुंजर दोय।।

किस पर दया करनी चाहिए किस पर निर्दयता करनी

चाहिए? हे मानव तू सब पर समान भाव रख । कीड़ा और हाथी दोनों ही परमात्मा के जीव हैं ।

जैसे रामायण में श्री राम का चरित्र। वह चाहे बाली हो या ताड़का। दोनों पर समान भाव से प्रहार करने से पहले उन्हें समझाया। जबकि श्री राम की दृष्टि में सब एक समान होते थे। इसीलिए वह जिस किसी पर भी प्रहार करते थे, उसे उसकी गलती ज़रूर समझाते थे।

जब मैं था तब गुरु नहीं, अब गुरु हैं मैं नाय ।
प्रेम गली अति साँकरी, ता में दो न समाय ।।

जब मेरे अंदर मैं (अहंकार) था तब परमात्मा नहीं था, अब परमात्मा है तो अहंकार मिट गया यानी परमात्मा के दर्शन से अहंकार मिट जाता है ।

जैसा रामयण में मेघनाथ को एहसास हुआ था, जब उसने लक्ष्मण पर शक्तिबाण से प्रहार किया और उसके बाद भी लक्ष्मण बच गया। तब उसका अहंकार टूट गया और उसे एहसास हुआ की यह कोई आम इंसान नहीं है और इस कारण उसने रावण को भी समझाने का प्रयास किया।

छिन ही चढ़े छिन ही उतरे, सो तो प्रेम न होय ।
अघट प्रेम पिंजरे बसे, प्रेम कहावे सोय ।।

जो छिन (तुरंत) में उतरे और छिन में चढ़े उसे प्रेम मत समझो । जो कभी भी घटे नहीं, हरदम शरीर की हड्डियों के भीतर तक में समा जाये वही प्रेम कहलाता है ।

जैसे रामायण में लक्ष्मण के प्रति उर्मिला और शूर्पणखा का प्रेम। उर्मिला का प्रेम सच्चा था और शूर्पणखा का प्रेम केवल एक मिथ्या।

❦

जहाँ काम तहाँ नाम नहिं, जहाँ नाम नहिं वहाँ काम ।
दोनों कबहुँ नहिं मिले, रवि रजनी इक धाम ।।

कहीं नाम नहीं आ सकता और जहाँ हरिनाम है वहाँ कामनाएँ मिट जाती हैं। जिस प्रकार सूर्य और रात्रि नहीं मिल सकते उस प्रकार जिस मन में ईश्वर का स्मरण है वहाँ कामनाएँ नहीं रह सकतीं।

जैसे रामायण में हनुमान जी का चरित्र, उनका हृदय चीरकर उन्होंने दिखा दिया की उनके भीतर भी राम-सीता ही बसे है। उनके हृदय में कामनाओं के लिए कोई जगह नहीं। इसी कारण जिस कारण कहीं उनके नाम की चर्चा है तो कहीं काम की।

❦

कबिरा धीरज के धरे, हाथी मन भर खाय ।
टूक एक के कारने, स्वान घरै घर जाय ।।

कबीरदास जी कहते हैं कि धीरज रखने के कारण ही हाथी मन भर खाता है पर धीरज न रखने के कारण कुत्ता एक-एक टुकड़े के लिए घर-घर मारा-मारा फिरता है ।

जैसे रामायण में सीता स्वयंवर में श्री राम जी का धनुष उठाने के लिए धीरज रखना और रावण का धीरज ना रखना। जिस कारण श्री राम को माँ सीता का साथ मिला और रावण को भरी सभा में अपमान सहना पड़ा।

੭

ऊँचे पानी न टिके, नीचे ही ठहराय ।
नीचा हो सो भरिए पिए, ऊँचा प्यासा जाये ।।

पानी ऊँचे पर नहीं ठहरता है वह नीचे ही फैलता है । जो नीचा झुकता है वह भर पेट पानी पी लेता है, जो ऊँचा ही खड़ा रहे वह प्यासा रह जाता है ।

जैसे रामायण में रावण जैसे राक्षसों का अहंकार। जो उन्हें कभी झुकने नहीं देता था। और जो अहंकार को दूर करके झुकता था, केवल उसे ही ईश्वर के दर्शन प्राप्त होते थे।

੭

सबते लघुताई भली, लघुता ते सब होय ।
जैसे दूज का चंद्रमा, शीश नवे सब कोय ।।

सबसे छोटा बनकर रहने में सब काम आसानी से निकल जाते हैं जैसे दूज के चंद्रमा को सब सिर झुकाते हैं।

जैसे रामायण में श्री राम जी का हर किसी को प्रणाम करना। चाहे वो छोटा हो या बड़ा, वे सबको सम्मान देते थे। जिस कारण वन गमन और सीता माँ की खोज में सबने उनका साथ दिया।

❧

संत ही में सत बांटई, रोटी में ते टूक ।
कहे कबीर ता दास को, कबहुँ न आवे चूक ।।

जो आदमी सच्चाई को बांटता है यानी सच्चाई का प्रचार करता है और रोटी में से टुकड़ा बाँटता है कबीर जी कहते हैं उस भक्त से भूल-चूक नहीं होती।

जैसे रामायण में शबरी की भक्ति। शबरी की सच्ची भक्ति के कारण ही श्री राम ने शबरी के झूठे बेर भी खाये, जबकि लक्ष्मण वो ना देख सके तो श्री राम ने पहचान लिया।

❧

मार्ग चलते जो गिरे, ताकों नाहि दोष ।
यह कबिरा बैठा रहे, तो सिर करड़े दोष ।।

रास्ते चलते-चलते जो गिर पड़े उसका कोई कसूर नहीं माना जाता लेकिन कबीरदास जी कहते हैं कि जो बैठा रहेगा उसके सिर पर तो कठिन कोस बने ही रहेंगे अर्थात कार्य करने में बिगड़ जाये तो उसे सुधारने का प्रयत्न करें परंतु न करना अधिक दोषपूर्ण है ।

जैसे रामायण में जब महर्षि के कहने पर श्री राम को एक राजा की जान लेनी थी, और हर बार वह बिना उसके प्राण हरे ही वापस आ जाते थे। जबकि श्री राम जी को महर्षि ने कार्य पूरा ना करने पर, मृत्युदंड देने की चेतावनी दी थी।

෬෧

जब ही नाम हृदय धरयो, भयो पाप का नाश ।
मानो चिनगी अग्नि की, परि पुरानी घास ।।

जिस प्रकार अग्नि की चिंगारी पुरानी घास में पड़कर उसको फूँक देती है वैसे ही हरि के ताप से पाप नष्ट हो जाते हैं । जब भी आपके हृदय में नाम स्मरण दृढ़ हो जाएगा, तभी समस्त पापों का नाश होगा ।

जैसे रामायण में मारीच ने अपने अंत समय में श्री राम का नाम लेकर अपने सभी पापों का नाश कर लिया था।

෬෧

काया काठी काल धुन, जतन-जतन सो खाय ।
काया वैद्य ईश बस, मर्म न काहू पाय ।।

शरीर रूपी काठ को काल रूपी धुन की तरह से खाये जा रहे हैं । लेकिन इस शरीर में भगवान भी रहते हैं यह भेद कोई बिरला ही जानता है ।

जैसे रामायण में श्री राम के वन जाने के निर्णय को देखकर, उनके समस्त भाइयों ने भी तपस्वियों जैसा जीवन बिताया था। बड़े भाई पर संकट आया देख, सभी भाइयों ने भी संकट को वरन कर लिया।

☙

सुख सागर का शील है, कोई न पावे थाह ।
शब्द बिना साधु नही, द्रव्य बिना नहीं शाह ।।

शील स्वभाव का सागर है जिसकी थाह कोई नहीं पा सकते वैसे ही भगवान के भजन के बिना साधु नहीं होता जैसे धन के बिना शाह नहीं कहलाता ।

जैसे रामायण में माँ सीता का चरित्र, जिन्होंने अपने पति को वनवास जाते देख, खुद भी अपने पति परमेश्वर का साथ दिया और उन्हें अकेला नहीं जाने दिया। क्यूंकि वह जानती थी श्री राम के बिना उनका जीवन व्यर्थ है।

❧

बाहर क्या दिखलाए, अनंतर जपिए राम ।
कहा काज संसार से, तुझे धनी से काम ।।

तुझे संसार के दिखावे से क्या क्या काम तुझे तो अपने भगवान से काम है इसलिए गुप्त जाप कर ।

जैसे रामायण में हनुमान जी जब भी समय मिलता तो या तो श्री राम के समक्ष रहते थे या अकेले में श्री राम का गुप्त जाप करते रहते थे। किन्तु उन्होंने कभी भी राम जी के आगे उनका जाप का ढोंग नहीं किया।

❧

फल कारण सेवा करे, करे न मन से काम ।
कहे कबीर सेवक नहीं, चहै चौगुना दाम ।।

जो मनुष्य अपने मन में इच्छा को रखकर निजी स्वार्थ से सेवा करता है वह सेवक नहीं, वह तो सेवा के बदले कीमत चाहता है, सेवा निःस्वार्थ होनी चाहिए ।

जैसे रामायण में वाल्मीकि जी ने निस्वार्थ भाव से माँ सीता और लव-कुश की सेवा की। उस सेवा के बदले उन्होंने कभी कुछ नहीं माँगा। और दूसरी तरफ रावण जो भगवान् शिव की सेवा केवल कुछ पाने की इच्छा मात्र से ही करता रहा।

∾ ❧ ∾

तेरा सांई तुझमें, ज्यों पहृपन में बास ।
कस्तूरी का हिरन ज्यों, फिर-फिर ढूँढ़त घास ।।

कबीरदास जी कहते हैं कि मनुष्य तेरा स्वामी (भगवान) तेरे अंदर उसी प्रकार है जिस प्रकार पुष्पों में सुगंधित व्याप्त रहती है । फिर भी तू जिस प्रकार कस्तूरी वाला हिरण अपने अंदर छिपी हुई कस्तूरी को अज्ञान से घास में ढूँढता है उसी प्रकार ईश्वर को अपने से बाहर खोज करता है ।

जैसे रामायण में बाली अपने अहंकार के कारण यह कभी नहीं समझ पाया की, कुटुंब की एकता साथ रहने में है। बल्कि अज्ञान वश उसने सुग्रीव को गलत समझा और उसे राज्य से निकाल दिया।

∾ ❧ ∾

कथा-कीर्तन कुल विशे, भवसागर की नाव ।
कहत कबीरा या जगत में नाही और उपाव ।।

कबीरदास जी कहते है कि संसार रूपी भवसागर से पार उतरने के लिए कथा-कीर्तन की नाव चाहिए इसके अतिरिक्त पार उतरने का कोई और उपाय नहीं है ।

जैसे रामायण में लंका पार करने के लिए राम नाम के पत्थर तो तैर गए. किन्तु श्री राम स्वयं पानी पर

चलकर समुन्द्र पार ना कर सके। क्यूंकि भक्ति में जो शक्ति है, वो किसी में नहीं।

☙

कबिरा यह तन जात है, सके तो ठौर लगा।
कै सेवा कर साधु की, कै गोविंद गुन गा।।

हे कबीर! यह तेरा तन जा रहा है इसे ठिकाने लगा ले यानी सारे जीवन की मेहनत तेरी व्यर्थ जा रही है। इसे संत सेवा और गोविंद का भजन करके अच्छा बना ले।

जैसे रामायण में इंद्र के पुत्र जयंत ने सारा जीवन यूँही गवा दिया, ना उसने कोई भजन किये और ना ही राक्षसों से युद्ध के समय वह किसी काम आया बल्कि पुलोमन के कहने पर युद्धभूमि से डरकर छिप गया। जिस कारण इंद्र पुत्र होने पर भी उसे कोई महत्वता नहीं दी जाती। यहां तक की वह इतना मुर्ख था की श्री राम की ही परीक्षा लेने जा पहुँचा।

☙

तन बोहत मन काग है, लक्ष योजन उड़ जाय।
कबहु के धर्म अगम दयी, कबहुँ गगन समाय।।

मनुष्य का शरीर विमान के समान है और मन काग के समान है कि कभी तो नदी में गोते मारता है और कभी आकाश में जाकर उड़ता है।

जैसे रामायण में रावण। कभी वेदवती के साथ ज़बरदस्ती करके नीच हरकत करने की कोशिश करता है, तो कभी शिव की कठोर आराधना कर सबसे बड़ा शिव भक्त कहलाता है।

☙

कहता तो बहुता मिला, गहता मिला न कोय ।
सो कहता वह जान दे, जो नहिं गहता होय ।।

कहने वाले तो बहुत मिले परंतु वास्तविक बात को समझाने वाला कोई नहीं और जो वास्तविक बात समझाने वाला ही नहीं तो उसके कहने पर चलना व्यर्थ है ।

जैसे रामायण में रावण को राम से युद्ध ना करने की बात समझाने का प्रयास, मंदोदरी, अंगद, हनुमान, मेघनाथ, कुम्भकर्ण, विभीषण सभी ने किया। किन्तु वास्तविक बात किसी ने ना समझायी के श्री राम भगवान् विष्णु के ही रूप है और हनुमान शिव जी के।

☙

तब लग तारा जगमगे, जब लग उगे न सूर ।
तब लग जीव जग कर्मवश, ज्यों लग ज्ञान न पूर ।।

जब तक सूर्य उदय नहीं होता तब तक तारा चमकता

रहता है इसी प्रकार जब तक जीव को पूरा ज्ञान प्राप्त नहीं होता । तब तक जीव कर्म के वश में रहता है ।

जैसे रामायण में ऋषि के श्राप के कारण हनुमान अपनी शक्तियों को तब तक भूले रहे, जब तक किसी ने उन्हें इस बात का ज्ञान नहीं दिया। और एक आम वानर की तरह जीवन व्यतीत करते रहे।

☙

आस पराई राखत, खाया घर का खेत ।
औरन को पत बोधता, मुख में पड़ा रेत ।।

तू दूसरों की रखवाली करता है और अपने घर को नहीं देखता यानि तू दूसरों को ज्ञान सिखाता है और स्वयं क्यों नहीं परमात्मा का भजन करता ।

जैसे रामायण में रावण। कहने को तो रावण एक परम भगवान शिव भक्त, उद्भट राजनीतिज्ञ, महाप्रतापी, महापराक्रमी योद्धा, अत्यन्त बलशाली, शास्त्रों का प्रखर ज्ञाता, प्रकान्ड विद्वान, पंडित एवं महाज्ञानी था। किन्तु दूसरो को ज्ञान देता रहा लेकिन खुद के अज्ञान में डूबा वह परमात्मा को ना देख सका।

☙

सोना, सज्जन, साधु जन, टूट जुड़ै सौ बार ।
दुर्जन कुम्भ कुम्हार के, ऐके धका दरार ।।

सोना और साधु दोनों अच्छे हैं यह सैंकड़ों बार टूटते हैं और जुड़ते हैं। वह बुरे हैं जो कुम्हार के घड़े की भाँति एक बार टूटकर नहीं जुड़ते अर्थात जो बुरे हैं वह विपत्ति के समय अपने को खो बैठता है ।

जैसे रामायण में रावण ने अपने बेटे अक्षय कुमार, मेघनाथ और भाई कुंभकर्ण को खो दिया।

❧

सब धरती कागज करूँ, लेखनी सब वनराय ।
सात समुद्र की मसि करूँ, गुरुगुन लिखा न जाय ।।

कबीरदास जी कहते हैं कि सारी धरती का कागज़ बनाऊँ, सारे जंगलों के वृक्षों की कलम बनाऊँ और सातों समुद्रों की स्याही बनाऊँ तो भी गुरु का यश नहीं लिखा जाता ।

जैसे रामायण में गुरु विश्वामित्र ने युवक श्री राम को भविष्य के एक महानतम योद्धा और मर्यादापुरुषोत्तम बनाने में सबसे ज्यादा योगदान दिया।

❧

आग जो लागी समुद्र में, धुआँ न प्रकट होय ।
सो जाने जो जरमुआ, जाकी लाई होय ।।

जब मन में प्रेम की अग्नि लग जाती है तो दूसरा उसे क्यों जाने? या तो वह जानता है जिसके मन से अग्नि लगी है या आग लगाने वाला जानता है ।

जैसे रामायण में श्रीराम जब मिथिला पहुँचे और माँ सीता ने उन्हें पहली बार देखा, तब उनके अंदर ऐसी प्रेम अग्नि जली की उन्होंने माँ पारवती की पूजा करी, ताकि वरदान स्वरुप वह श्री राम को पतिस्वरूप पा सके।

৩

साधु गाँठी न बाँधई, उदर समाता लेय ।
आगे-पीछे हरि खड़े जब भोगे तब देय ।।

साधु गाँठ नहीं बाँधता वह तो पेट भर अन्न लेता है क्योंकि वह जानता है आगे पीछे ईश्वर खड़े हैं। भाव यह है कि परमात्मा सर्वव्यापी है जीव जब माँगता है तब वह उसे देता है।

जैसे रामायण में राजा जनक को संतान की आवश्यकता थी तब भगवान् ने उन्हें माँ सीता के रूप में सुन्दर कन्या प्रदान की।

৩

घट का परदा खोलकर, सन्मुख दे दीदार ।
बाल सने ही सांइया, आवा अंत का यार ।।

कबीरदास जी कहते हैं कि तेरा बालकपन का मित्र और आरंभ से अंत तक का जो मित्र है वह हमेशा तेरे अंदर रहता है, तू जरा अंदर के पर्दे को दूर करके देख तो सम्मुख ही भगवान के दर्शन हो जाएंगे ।

जैसे रामायण में ताड़का के अंत समय में जब राम द्वारा उसका वध हुआ तब उसे राम में भगवान् ले दर्शन हुए और उसे अपना वह समय याद आया जब वह राक्षसी नहीं थी।

❦

जागन में सोवन करे, सोवन में लौ लाय ।
सूरत डोर लागी रहे, तार टूट नहीं जाय ।।

जागत में सो और सोते में हरि से लौ लगाए रह । कहीं ऐसा न हो कि हरि-भजन का तार टूट जाये ।

जैसे रामायण में गुरु वशिष्ठ जी हर समय भगवान् के गुणगान गाते थे और निष्फल साधना करते थे।

❦

कबिरा खालिक जागिया, और ना जागे कोय ।
जाके विषय विष भरा, दास बंदगी होय ।।

कबीरदास जी कहते हैं कि इस संसार में या तो परमात्मा जागता है या ईश्वर का भजन करने वाला या पापी

जागता है, और कोई नहीं जागता ।

जैसे रामायण में श्री राम, उनका भजन करने वाले हनुमान और रावण। उन सब की सेना नहीं।

☙

ऊँचे कुल में जामिया, करनी ऊंच न होय ।
सौरन कलश सुरा, भरी, साधु निन्दा सोय ।।

यदि सोने के कलश में शराब है तो संत उसे बुरा कहेंगे । इस प्रकार कोई ऊँचे कुल में पैदा होकर बुरा कर्म करे तो वह भी बुरा होता है ।

जैसे रामायण में बाली था। ऊँचे कुल में पैदा होकर भी उसने अपने भाई की पत्नी को कैद किया।

☙

सुमरण की सुबयों करो ज्यों गागर पनिहार ।
होले-होले सूरत में, कहें कबीर विचार ।।

कबीरदास जी कहते हैं कि जैसे पनिहारी का ध्यान हर समय गागर पर ही रहता है इसी प्रकार तुम भी हर समय उठते-बैठते ईश्वर में मन लगाओ ।

जैसे रामायण में निषाद ने किया। वह हर समय अपने आराध्य श्री राम की पूजा करता था।

सब आए इस एक में, डाल-पात फल-फूल ।
कबिरा पीछा क्या रहा, गह पकड़ी जब मूल ।।

कबीरदास जी कहते हैं कि जड़ के द्वारा ही डाल, पत्ते और फल-फूल लगते हैं जब जड़ पकड़ ली तो सब चीजें आ जाती हैं, ईश्वर का भरोसा करो ।

जैसे रामायण में जब श्री राम ने सुग्रीव द्वारा बाली के अहंकार पर चोट मारी तो वह अपने आप अपनी मृत्यु के समीप आ पहुँचा।

जो जन भीगे रामरस, विगत कबहूँ ना रुख ।
अनुभव भाव न दरसते, ना दुःख ना सुख ।।

जिस तरह सूखा पेड़ नहीं फलता इसी तरह राम के बिना कोई नहीं फल-फूल सकता । जिसके मन में राम-नाम के सिवा दूसरा भाव नहीं है उनको सुख-दुःख का बंधन नहीं है ।

जैसे रामायण में हनुमान, जिनके मन में सिर्फ राम नाम का बसेरा है। इसके आलावा और कोई भाव नहीं।

सिंह अकेला बन रहे, पलक-पलक कर दौर ।
जैसा बन है आपना, तैसा बन है और ।।

जिस तरह शेर अकेला जंगल में रहता हुआ पल-पल दौड़ता रहता है जैसा अपना मन वैसा ही औरों का भी इसी तरह मन रूपी शेर अपने शरीर में रहते हुए भी घूमता फिरता है ।

जैसे रामायण में देवराज इंद्र, जो स्वर्ग के देवता होने पर भी हर समय राक्षसों के भय से चिंतिंत रहते थे।

❧

यह माया है चूहड़ी, और चूहड़ा कीजो ।
बाप-पूत उरभाय के, संग ना काहो केहो ।।

कबीरदास जी कहते हैं कि यह माया ब्रह्मा भंगी की जोरु है, इसमें ब्रह्मा और जीव दोनों बाप-बेटों को उलझा रखा है मगर यह साथ एक का भी नहीं देगी, तुम भी इसके धोखे में न आओ ।

जैसे रामायण में शूपर्णखा और अन्य राक्षसों का अपने मायाजाल में दुसरो को फँसाना।

❧

जहर की जमीं में है रोपा, अभी खींचे सौ बार ।
कबिरा खलक न तजे, जामे कौन विचार ।।

हे कबीर! जिस व्यक्ति ने दुनिया में कुछ सोच रखा है, वह इसे इस तरह नहीं छोड़ता, उसने पहले ही अपनी धरती में ज़हर देकर बंजर बनाया है।

जैसे रामायण में श्री राम ने रावण का वध करने के लिए अवतार लिया था किन्तु फिर भी उन्होंने ११ हज़ार वर्ष तक शासन करके, लोगों को धर्म और कर्तव्य का पाठ पढ़ाया और पत्नी वियोग की पीड़ा भी सही।

๏

जग में बैरी कोई नहीं, जो मन शीतल होय ।
यह आपा तो डाल दे, दया करे सब कोय ।।

यदि तुम्हारे मन में शांति है तो संसार में तुम्हारा कोई बैरी नहीं । यदि तू घमंड करना छोर दे तो सब तेरे ऊपर दया करेंगे!

जैसे रामायण में श्री राम ने युद्ध के बाद, देवताओं से आग्रह कर सभी राक्षसों को मोक्ष प्रदान करवाया, जिस कारण श्री राम का यश संसार में और ज़्यादा बढ़ गया।

๏

जो जाने जीव न अपना, करहीं जीव का सार ।
जीवा ऐसा पाहौना, मिले ना दुजी बार ।।

यदि तुम समझते हो कि वह जीवन हमारा तो उसे राम-नाम से भर दो क्योंकि यह ऐसा मेहमान है जो दुबारा मिलना मुस्किल है ।

जैसे रामायण में राम नाम के पत्थर पानी में तैर गए थे, उसी प्रकार हृदय में राम नाम होगा तो जीवन की नैया स्वयं पार हो जाएगी और तुम किसी भी समुन्द्र यानी मुश्किल में नहीं फँसोगे।

❧

कबीर जात पुकारया, चढ़ चन्दन की डार।
वाट लगाए ना लगे फिर क्या लेत हमार ।।

कबीरदास जी कहते हैं कि मैंने चन्दन की डाली पर चढ़ बहुत से लोगों को पुकारकर ठीक रास्ता बताया परंतु जो ठीक रास्ते पर नहीं आता वह ना आवे! हमारा क्या लेता है ।

जैसे रामायण में समुन्द्र पार करते वक़्त हनुमान जी ने सभी राक्षसों को सही रास्ता दिखलाया, किन्तु जो माना वह ठीक और जो नहीं माना, उसका विनाश हुआ। क्यूंकि इस धरती पर अधर्म के रास्ते पर चलने वालो के लिए कोई जगह नहीं।

❧

लोग भरोसे कौन के, बैठे रहें उरगाय ।
जीय रही लूटत जाम फिरे, मैंढ़ा लूटे कसाय ।।

जैसे मैंढें को कसाई मारता है उसी प्रकार जीव को यम मारने की घात में लगा रहता है और समझ में नहीं आता कि लोग किसके भरोसे गाफिल बैठे हुए हैं वह क्यों नहीं गुरु से शिक्षा लेते और बचने का उपाय क्यों नहीं करते हैं ।

जैसे रामायण में श्री राम ने गुरु विश्वामित्र, गुरु वसिष्ठ, महर्षि परशुराम इन सभी से ज्ञान और शास्त्र प्राप्त किये, किन्तु रावण ने तपस्या कर केवल शस्त्र प्राप्त किये और अपने गुरु शुक्राचार्य से कभी ज्ञान प्राप्त नहीं किया।

༺

मूरख मूढ़ कुकर्मियों, निख सिख पाखर आही ।
बंधन कारा का करे, जब बाँध न लागे ताही ।।

जिस मनुष्य को समझाने तथा पढ़ने से भी ज्ञान न हो तो ऐसे मनुष्य को समझना भी अच्छा नहीं क्योंकि उस पर आपकी बातों का कोई प्रभाव नहीं होगा ।

जैसे रामायण में मारीच और सुबाहु और ताड़का तीनो को समझाने का प्रयास नहीं किया और सीधा उनका अंत कर दिया। जबकि उन्होंने रावण को समझाने का कई बार प्रयास किया था।

☙

एक कहूँ तो है नहीं, दूजा कहूँ तो गार ।
है जैसा तैसा ही रहे, रहें कबीर विचार ।।

मैं उसे एक कहूँ तो सब जगत दिखता है और यदि दो कहूँ तो बुराई है । हे कबीर! बस विचार यही कहता हूँ कि जैसा है वैसा ही रह।

जैसे रामायण में देवताओं और राक्षसों का फर्क। एक माया के बल पर जीतने का प्रयास करते थे और दूसरे ईश्वर के आशीर्वाद द्वारा। इसीलिए बुराई पर अच्छाई की जीत होती है क्यूंकि वह कभी रूप नहीं बदलती।

☙

जो तू चाहे मुक्त को, छोड़ दे सब आस ।
मुक्त ही जैसा हो रहे, बस कुछ तेरे पास ।

परमात्मा का कहना है अगर तू मुक्ति चाहता है तो मेरे सिवाय सब आस छोड़ दे और मुझ जैसा हो जा, फिर तुझे कुछ परवाह नहीं रहेगी ।

जैसे रामायण में भरत ने अपने भाई और श्री राम के सिवाय और कोई आस नहीं रखी। जिस कारण उन्हें समाज या अपनी माँ की गलतियों की भी परवाह नहीं रही।

☙

सांई आगे साँच है, सांई साँच सुहाय ।
चाहे बोले केस रख, चाहे घौंट भूण्डाय ।।

परमात्मा सच्चाई ही पसंद करता है चाहे तुम जटा बढ़ाकर सच बोलो या सिर मूँड़ाकर। अर्थात सत्य का अस्तित्व नहीं बदलता। सांसारिक वेश-भूषा बदलने से वह नहीं बदला जा सकता ।

जैसे रामायण में श्री राम के भक्त हनुमान भी थे तो दूसरी और विभीषण भी थे। भगवान् हमेशा आपके अंदर छुपी सत्य की भावना से प्रसन्न होते है।

☙

खेत न छोड़े सूरमा, जूझे दो दल मोह ।
आशा जीवन मरण की, मन में राखें नोह ।।

जो बलवान है वह दो सेनाओं के बीच में भी लड़ता रहेगा उसे अपने मरने की चिंता नहीं । वह मैदान छोड़कर नहीं भागेगा ।

जैसे रामायण में विभीषण लड़ता रहा यह जानते हुए भी की मेघनाथ, कुम्भकर्ण और रावण सभी उससे ज़्यादा ताक़तवर है। वह बिना अपनी मृत्यु के डर के लड़ता रहा और मैदान छोड़कर नहीं भागा।

☙

लीक पुरानी को तजें, कायर कुटिल कपूत ।
लीख पुरानी पर रहें, शातिर सिंह सपूत ।।

पुराने मार्ग को कायर, धोखेबाज और नालायक ही छोड़ते हैं । चाहे रास्ता कितना ही बुरा क्यों न हो शेर और योग्य बच्चे अपना पुराना तरीका नहीं छोड़ते हैं और वे इस तरह से चलते हैं कि जिसमें कुछ लाभ हो।

जैसे रामायण में विश्वामित्र की तपस्या में मारीच और सुबाहु ने कितनी बार विघ्न डाला किन्तु फिर भी उन्होंने उन्हें शाप ना दिया और उनके वध के लिए राम जैसे योद्धा का चुनाव किया।

☙

सन्त पुरुष की आरसी, संतों की ही देह ।
लखा जो चाहे अलख को, उन्हीं में लख लेह ।।

संतों का शरीर शीशे की तरह साफ होता है उनके मन में ईश्वर दृष्टि आती है यदि तू ईश्वर को देखना चाहता है तो मन में ही देख ले ।

जैसे रामायण में ऋष्यश्रृंग द्वारा दशरथ की पुत्रेष्टि यज्ञ से पहले चार पुत्रों की बात का बताना, जो केवल एक तपस्वी साधू ही बता सकते थे क्यूंकि उन्हें ही ईश्वर दृष्टि प्राप्त होती है जो मन के भीतर बसे ईश्वर को देख

लेते है।

⚬

भूखा-भूखा क्या करे, क्या सुनावे लोग ।
भांडा घड़ निज मुख दिया, सोई पूर्ण जोग ।।

तू अपने आपको भूखा-भूखा कहकर क्या सुनाता है, लोग क्या तेरा पेट भर देंगे। याद रख, जिस परमात्मा ने तुझे शरीर और मुँह दिया है वही तेरे काम पूर्ण करेगा ।

जैसे रामायण में माता अहिल्या के पुत्र शतानन्द जी, श्री राम के आने और उनके द्वारा अपनी माँ को शाप मुक्त किये जाने के बारे में विश्वामित्र जी से बार-बार पूछ रहे थे। जबकि उन्हें पता था की उनके पिता महर्षि गौतम द्वारा दिए शाप के अनुसार एक ना एक दिन श्री राम को आना ही है।

⚬

गर्भ योगेश्वर गुरु बिना, लागा हर का सेव ।
कहे कबीर बैकुंठ से, फेर दिया शुकदेव ।।

यदि किसी ने अपना गुरु नहीं बनाया और जन्म से ही हरि सेवा में लगा हुआ है तो वह शुक्रदेव की तरह है।

जैसे रामायण में गुरु वशिष्ठ की गाय कामधेनु का

चरित्र।

౭౨

प्रेमभाव एक चाहिए, भेष अनेक बनाय ।
चाहे घर में वास कर, चाहे बन को जाय ।।

चाहे लाख तरह के भेष बदलें । घर रहें, चाहे वन में जाएं परंतु सिर्फ प्रेम भाव होना चाहिए । अर्थात संसार में किसी भी स्थान पर, किसी भी स्थिति में रहें प्रेम भाव से रहना चाहिए ।

जैसे रामायण में लक्ष्मण और श्री राम वन में रहने गए और १४ वर्ष का वनवास बिताया।

౭౨

कांचे भांडे से रहे, ज्यों कुम्हार का नेह ।
भीतर से रक्षा करे, बाहर चोई देह ।।

जिस तरह कुम्हार बहुत ध्यान व प्रेम से कच्चे बर्तन को बाहर से थपथपाता है और भीतर से सहारा देता है । उसी प्रकार गुरु को शिष्य का ध्यान रखना चाहिए ।

जैसे रामायण में जब विश्वामित्र जी श्री राम और लक्ष्मण को राक्षसों के संघहार हेतु वन में ले गए थे और श्री राम के राक्षसों के युद्ध के समय, उन्होंने उनका ध्यान रखा और उन्हें धर्म का ज्ञान देते हुए राक्षसों का

विनाश करने के लिए प्रेरित किया।

೬⊙

सांई ते सब हॉट है, बंदे से कुछ नाहिं ।
राई से पर्वत करे, पर्वत राई माहिं ।।

ईश्वर जो चाहे कर सकता है बंदा कुछ नहीं कर सकता
वह राई का पहाड़ बना सकता है और पहाड़ को राई कर
दे, यानि छोटे को बड़ा और बड़े को छोटा कर सकता है ।

जैसे रामायण में ब्रह्माजी द्वारा वरदान प्राप्त करने
पर राक्षस खुद को अमर समझ लेते थे, किन्तु ब्रह्माजी
द्वारा उनके विनाश का कारण भी उत्पन्न ज़रूर होता
था।

೬⊙

केतन दिन ऐसे गए, अन रुचे का नेह ।
अवसर बोवे उपजे नहीं, जो नहीं बरसे मेह ।।

बिना प्रेम की भक्ति के वर्षों बीत गए तो ऐसी भक्ति से
क्या लाभ? जैसे बंजर जमीन में बोने से फल नहीं प्राप्त
होता चाहे कितना ही मेह बरसे । ऐसे ही बिना प्रेम की
भक्ति फलदायक नहीं होती ।

जैसे रामायण में विश्वामित्र जी द्वारा वर्षों शिव की
तपस्या कर, सभी अस्त्रों का प्राप्त करना और फिर

उनका महर्षि वशिष्ठ पर प्रयोग करना और उनके पश्चात भी विश्वामित्र जी का विफल हो जाना।

◌‍◌

एक ते अनन्त अन्त एक हो जाय ।
एक से परचे भया, एक मोह समाय ।।

एक से बहुत (अनन्त) हो गए और फिर सब एक हो जाओगे जब तुम उस भगवान को जान लोगे तो तुम भी एक ही में मिल जाओगे।

जैसे रामायण में ब्रह्मजी के पुत्रों द्वारा कोई राक्षस बना तो कोई देवता। और मरने के पश्चात सब मोक्ष को प्राप्त कर ब्रह्माजी में वापस समा जाते है।

◌‍◌

साधु सती और सूरमा, इनकी बात अगाध ।
आशा छोड़े देह की, तन की अनथक साध ।।

साधु, सती, सूरमा की बातें न्यारी हैं । यह अपने जीवन की परवाह नहीं करते हैं इसलिए इनमें साधन भी अधिक हैं ।साधारण जीव उनकी समानता नहीं कर सकता ।

जैसे रामायण में विश्वामित्र, वशिष्ठ द्वारा राक्षसों के विघ्न डालने पर भी तपस्या कायम रखना। माता सीता

का पतिव्रत धर्म का पालन करते हुए वन में जाना, और श्री राम का विद्या सिखने हेतु विश्वामित्र जी के साथ वन में जाकर पत्तो पर सोना।

☙

हरि संगत शीतल भया, मिटी मोह की ताप ।
निशिवासर सुख निधि, लहा अन्न प्रगटा आप ।।

ईश्वर का नाम लेने से जीवात्मा की शांति हो गयी और मोह माया की आग दूर हो गयी । रात-दिन सुख से व्यतीत होने लगे और हृदय में ईश्वर का रूप दिखने लगा ।

जैसे रामायण में महर्षि विश्वामित्र जी के साथ हुआ था, जब वह कामधेनु गाय को पाने हेतु हर संभव प्रयास करने लगे और अंत में अपने पुत्र, सेना, और बल सबसे हारने के बाद। मन को शांत कर एक राजा से तपस्वी बन गए।

☙

आशा का ईंधन करो, मनशा करो बभूत ।
जोगी फेरी यों फिरो, तब वन आवे सूत ।।

कबीरदास जी कहते हैं कि ऐ जोगी! तुम आशा और तृष्णा को फूँककर राख करके फेरी करो तब सच्चे जोगी बन सकोगे।

जैसे रामायण में भरत ने श्री राम के वन जाने की बात सुनकर, अपना सर्वस्व त्याग दिया और उनके वापस आने तक तपस्वियों जैसा जीवन बिता योगी बने रहे।

⚬

अन्तरयामी एक तुम, आतम के आधार ।
जो तुम छोड़ो हाथ तौ, कौन उतारे पार ।।

हे प्रभु! आप हृदय के भावों को जानने वाले तथा आत्मा के आधार हो। यदि आपकी आराधना न करें तो हमको इस संसार-सागर से आपके सिवाय कौन पार उतारने वाला है ।

जैसे रामायण में प्रभु श्री राम। वह सबके मन के भीतर के भावों को समझने में निपुण थे, इसी कारण उन्होंने विभीषण के राक्षस और रावण के भाई होने पर भी, उसका विशवास किया।

⚬

अपने-अपने साख की, सब ही लिनी भान ।
हरि की बात दुरन्तरा, पूरी ना कहूँ जान ।।

हरि का भेद पाना बहुत कठिन है पूर्णतया कोई भी न पा सका । बस जिसने यह जान लिया कि मैं सब कुछ जानता हूँ मेरे बराबर अब इस संसार में कौन है, इसी

घमंड में होकर वास्तविकता से प्रत्येक वंचित ही रह गया ।

जैसे रामायण में विश्वामित्र जी ने कामधेनु गाय पाने के लिए अक्षोहणी सेना के साथ एक लाख गायें देने तक तैयार हो गए थे। और जब वशिष्ठ जी तब भी तैयार नहीं हुए तो उन्होंने ज़बरदस्ती कामधेनु को ले जाने की कोशिश की। उसमें विफल हुए तो भगवान् शिव से वरदान स्वरुप अस्त्र मांगे। और जब अंत में सब करके देख लिया और महृषि वशिष्ठ को क्रोधित देख शांत हुए और उन्हें गुरु माना और तपस्वी रूप धारण किया और कामधेनु का मोह त्याग दिया।

☙

आवत गारी एक है, उलटन होय अनेक ।
कह कबीर नहिं उलटिये, वही एक की एक ।।

गाली आते हुए एक होती है परंतु उलटने पर बहुत हो जाती है । कबीरदास जी कहते हैं कि गाली के बदले में अगर उलट कर गाली न दोगे तो एक-की-एक ही रहेगी ।

जैसे रामायण में धनुष टूटने पर क्रोधित परशुराम और लक्ष्मण के बीच विवाद हुआ था और श्री राम द्वारा उन्हें शांत किया गया था।

☙

आशा को ईंधन करो, मनशर करा न भूत ।
जोगी फेरी यों फिरो, तब बुन आवे सूत ।।

कबीर जी कहते हैं कि सच्चा योगी बनना है तो मोह वासनाओं तथा तृष्णा को फूँक कर नाश कर दो फिर फेरी करो तब हे प्राणी, तुम्हारे अंदर आत्मा का विकास होगा ।

जैसे रामायण में राजा दशरथ के साथ हुआ। सांसारिक मोह माया में फँसने के कारण, श्री राम के विरह ने उनके प्राण हर लिए।

उज्ज्वल पहरे कापड़ा, पान-सुपारी खाय ।
एक हरि के नाम बिन, बाँधा यमपुर जाय ।।

उजले कपड़े पहनता है और पाण-सुपारी खाकर अपने तन को मैला नहीं होने देता परंतु हरि का नाम न लेने पर यमदूत द्वारा बंधा हुआ नर्क में जाएगा ।

जैसे रामायण में मंथरा के साथ हुआ, जिसकी करनी ने उसके लिए नर्क के द्वार खोल दिए।

उतने कोई न आवई, पासू पूछूँ धाय ।
इतने ही सब जात है, भार लदाय लदाय ।।

कबीरदास जी कहते हैं कि कोई भी जीव स्वर्ग से नहीं आता है कि वहाँ का कोई हाल मालूम हो सके, यह बात पूछने से मालूम है कि उसको कुछ नहीं मालूम है, किन्तु यहाँ से जो जीव जाया करते हैं वे दुष्कर्मों के पोटरे बाँध के ले जाते हैं ।

जैसी रामायण में सभी राक्षसों और मनुष्यों को उनके कर्मानुसार स्वर्ग और नरक मिले। केवल वहीं नरक के बंधन से छूट पाए, जिनका वध श्री राम के हाथों हुआ।

ऐसी वाणी बोलिए, मन का आपा खोय ।
औरन को शीतल करे, आपौ शीतल होय ।।

मन से घमंड को बिसार कर ऐसी वाणी बोलनी चाहिए जो दूसरों को शीतल करे और मनुष्य आप भी शांत हो जाये ।

जैसे रामायण में विश्वामित्र के क्रोधित होने पर गुरु वशिष्ठ जी ने राजा दशरथ को समझाकर, विश्वामित्र जी को शांत किया।

कबीरा संगत साधु की, ज्यों गंधी की वास ।
जो कुछ गंधी दे नहीं, तो भी बास सुवास ।।

कबीर जी कहते हैं कि साधु की संगति गंधी की वास की भाँति है, यदि्द्प गंधी प्रत्यक्ष में कुछ नहीं देता है तो भी उसके इत्रों की सुगंधी से मन को अत्यंत प्रसन्नता मिलती है । इसी प्रकार साधु संगति से प्रत्यक्ष लाभ न होता हो तो भी मन को अत्यंत प्रसन्नता और शांति तो मिलती है ।

जैसे रामायण में राम और लक्ष्मण को विश्वामित्र जी जैसे महान साधु पुरुष द्वारा ज्ञान प्राप्त हुआ।

❧

कबीरा संगति साधु की, जौ की भूसी खाय ।
खरी खाँड़ भोजन मिले, ताकर संग न जाय ।।

कबीर जी कहते हैं कि साधु की संगति में जौ कि भूसी खाकर रहना उत्तम है, परंतु दुष्ट की संगति में खांड़ मिश्रित खीर खाकर भी रहना अच्छा नहीं ।

जैसे रामायण में माँ सीता ने वाल्मीकि जी के आश्रम में कम खाना खाकर जीवन बिताया और रावण द्वारा कैद किये जाने पर अशोक वाटिका में भूखे रहकर समय बिताया।

❧

कबीरा संगति साधु की, हरे और की व्याधि ।
संगति बुरी असाधु की, आठो पहर उपाधि ।।

कबीर जी कहते हैं कि साधु की संगति ही भली है जिससे कि दूसरे की आपत्ति मिट जाती है । असाधु कि संगति बहुत खराब है, जिससे कि आठों पहर उपाधियां घेरे रहती हैं ।

जैसे रामायण में विभीषण द्वारा श्रीराम की सांगत में जाकर, लंका की प्रजा की आपत्ति मिट गयी। अगर विभीषण अपने भाई रावण और गुरु शुक्राचार्य के साथ रहता तो उसका भी सर्वनाश हो जाता।

कबीरा गरब न कीजिए, कबहुँ न हँसिये कोय।
अजहूँ नाव समुद्र में, का जानैं का होय।।

कबीरदास जी कहते हैं कि मनुष्य को कभी भी अपने ऊपर गर्व (घमंड) नहीं करना चाहिए और कभी भी किसी का उपहास नहीं करना चाहिए, क्योंकि आज भी हमारी नाव समुद्र में है। पता नहीं क्या होगा (डूबती है या बचती है)।

जैसे रामायण में रावण ने खुद पर घमंड करना और विभीषण का रावण को श्री राम से युद्ध ना करने के लिए बार-बार समझाने पर भी ना समझना और रावण द्वारा विभीषण का भरी सभा में उपहास करना।

☙

कबीरा कलह अरु कल्पना, सतसंगति से जाय।
दुख बासे भागा फिरै, सुख में रहै समाय।।

संतों की संगति में रहने से मन से कलह एवं कल्पनादिक आधि-व्याधियाँ नष्ट हो जाती हैं तथा साधुसेवी व्यक्ति के पास दुख आने का साहस नहीं करता है वह तो सदैव सुख का उपभोग करता रहता है।

जैसे रामायण में राजा जनक को अपनी पुत्री सीता के विवाह को लेकर चिंता सताती रहती थी, किन्तु साथ ही उसे साधु वाणी पर भी विशवास था की सीता के लिए उन्हें योग्य राजकुमार अवश्य मिलेगा। और सीता के विवाह के समय उनकी बाकि पुत्रियों का भी विवाह

संपन्न हुआ।

कबीरा संगति साधु की, जित प्रीत किजै जाय ।
दुर्गति दूर वहावती, देवी सुमति बनाय ।।

कबीर जी कहते हैं कि साधु की संगति नित्य ही करनी चाहिए । इससे दुर्बुदि्ध दूर होके सुमति प्राप्त होती है।

जैसे रामायण में राजा दशरथ के पास गुरु वशिष्ठ थे और कैकयी के पास मंथरा।

कबीरा संगत साधु की, निष्फल कभी न होय ।
होमी चन्दन बासना, नीम न कहसी कोय ।।

साधु की संगति कभी निष्फल नहीं जाती है, चन्दन के हवन से उत्पन्न वास को नीम की वास कोई नहीं कह सकता है।

जैसे रामायण में श्री राम को साधु संगति द्वारा ही शास्त्रों और शस्त्रों का ज्ञान हुआ। जिस कारण वह वन में आसानी से रह पाए।

को छुटौ इहिं जाल परि, कत फुरंग अकुलाय ।
ज्यों-ज्यों सुरझि भजौ चहै, त्यों-त्यों उरझत जाय ।।

इस संसार बंधन से कोई नहीं छूट सकता । पक्षी जैसे-जैसे सुलझ कर भागना चाहता है । तैसे ही तैसे वह उलझता जाता है ।

जैसे रामायण में श्री राम और सीता के साथ के साथ हुआ। सीता का जन्म के समय अपने असली माँ-बाप का ना मिलना, राम के साथ वनवास भोगना, रावण द्वारा हरण की पीड़ा और फिर अयोध्या लौटकर भी श्री राम द्वारा वन में त्यागे जाना।

कबीरा लहर समुद्र की, निष्फल कभी न जाय ।
बगुला परख न जानई, हंसा चुग-चुग खे ।।

कबीरदास जी कहते हैं कि समुद्र की लहर भी निष्फल नहीं आती । बगुला ज्ञान रहित होने के कारण उसे मत्स का आहार कर के अपना जीवन व्यतीत करना है । परंतु हंस बुद्धिमान होने के कारण मोतियों का आहार कर अपने जीवन को व्यतीत करता है ।

जैसे रामायण में राक्षसों का वन में जीवन व्यतीत करना और दूसरी तरफ श्री राम का वन में जीवन व्यतीत करना।

क़ाह भरोसा देह का, बिनस जात छिन मारहिं ।
साँस-साँस सुमिरन करो, और यतन कछु नाहिं ।।

कबीरदास जी कहते हैं कि इस पंच तत्व शरीर का क्या भरोसा है किस क्षण इसके अंदर रहने वाली प्राण वायु इस शरीर को छोड़कर चली जावे । इसलिए जितनी बार यह सांस तुम लेते हो दिन में उतनी बार भगवान के नाम का स्मरण करो कोई यत्न नहीं है।

जैसे रामायण में राजा दशरथ कामवश होकर कैकेयी के जाल में फँसने के कारण राम के राज्याभिषेक भी ना देख सके और राम के आने से पहले ही उनकी मृत्यु हो गयी।

☙

कहा कियो हम आय कर, कहा करेंगे पाय ।
इनके भये न उतके, चाले मूल गवाय ।।

कबीरदास जी कहते हैं कि जीव के पैदा होने का कोई कारण उसको भी नहीं किया या अब समय उपस्थित है कि जीव को जाना है तो उसको पहले ईश्वर का स्मरण करने का कार्य वह भी नहीं किया । अब न तो इस संसार के ही रहे और न मोक्षप्राप्ति के अधिकारी ही हुए अब बीच में नरक में ही रह गए इसलिए प्राणी को हरि का स्मरण थोड़ा बहुत अवश्य करना चाहिए, सांसारिक झगड़ों में नहीं फंसना चाहिए ।

जैसे रामायण में राजा सगर के 60 हजार पुत्रों के साथ हुआ और उन सब को एक साथ भस्म होना पड़ा।

❧

कुटिल बचन सबसे बुरा, जासे होत न हार ।
साधु बचन जल रूप है, बरसे अमृत धार ।।

कठोर वचन सबसे बुरी वस्तु है, यह मनुष्य के शरीर को जलाकर राख के समान कर देता है । सज्जनों के वचन जल के समान शीतल होते हैं । जिनको सुनकर अमृत की वर्षा हो जाती है ।

जैसे रामायण में कुशनाभ की सौ कन्याओं का वायु के कोप से 'कुब्जा होना' और रामायण कथा द्वारा श्रवण का उद्धार।

❧

कबीर मन पंछी भया, भये ते बाहर जाय ।
जो जैसे संगति करै, सो तैसा फल पाय ।।

कबीरदास जी कहते हैं कि मेरा मन एक पक्षी के समान है, जिस प्रकार के वृक्ष पर बैठेगा वैसे ही फल का आस्वादन करेगा । इसलिए हे प्राणी, तू जिस प्रकार की संगति में रहेगा तेरा हृदय उसी प्रकार के कार्य करने की अनुमति देगा ।

जैसे रामायण में देवराज इंद्र का देवताओं के बीच रहने पर सोचना और स्वर्ग की अप्सराओं के बीच रहकर, कौशल्या के साथ दुष्कर्म करने का सोचना।

৵৩

कबीरा लोहा एक है, गढ़ने में है फेर ।
ताही का बखतर बने, ताही की शमशेर ।।

कबीरदास जी कहते हैं कि एक ही धातु लोहे को अनेक रूपों में गढ़कर अनेक वस्तुएं बना सकते हैं । जिस प्रकार तलवार तथा बखतर लोहे के ही बने होते हैं उसी प्रकार भगवान अनेको रूपों में प्राप्त है, परंतु वह एक ही है ।

जैसे रामायण में भगवान् ने मानव जीवन के उद्धार के लिए अनेको रूपों में धरती पर अवतार लिया, जैसे श्री राम, हनुमान, परशुराम, लक्ष्मण, भरत, शत्रुघन आदि।

৵৩

कहे कबीर देय तू, जब तक तेरी देह ।
देह खेह हो जाएगी, कौन कहेगा देह ।।

कबीरदास जी कहते हैं कि जब तक तू जीवित है तब तक दान दिये जा । प्राण निकलने पर यह शरीर मिट्टी हो जाएगा तब इसको देह कौन कहेगा ।

जैसे रामायण में राजा दशरथ हर अवसर पर पूरी प्रजा में धन और आवश्यक वस्तुएं लोगों को प्रदान करते थे।

೦೦

करता था सो क्यों किया, अब कर क्यों पछिताय ।
बोया पेड़ बाबुल का, आम कहाँ से खाय ।।

कार्य को विचार कर करना चाहिए, जिस प्रकार बबूल का पेड़ बो कर आम खाने की इच्छा की जाय वह निष्फल रहेगी बगैर विचारे कार्य करके फिर पछचाताप नहीं करना चाहिए ।

जैसे रामायण में राजा दशरथ द्वारा कैकयी से विवाह करना और उन्हें वरदान देना, जिस कारण उन्हें अपने दिए हुए वरदान के कारण अपने सबसे प्रिय पुत्र श्री राम को वनवास के लिए दंडकारण्य वन भेजना पड़ा।

೦೦

कस्तूरी कुंडल बसै, मृग ढूंढे बन माहिं ।
ऐसे घट-घट राम है, दुनिया देखे नाहिं ।।

भगवान प्रत्येक व्यक्ति के हृदय में विद्यमान है परंतु सांसारिक प्राणी उसे देख नहीं पाता है । जिस प्रकार मृग की नाभि में कस्तूरी रहती है| परंतु वह उसे पाने के लिए इधर-उधर भागता है पर पा नहीं सकता और अंत में मर

जाता है ।

जैसे रामायण में कैकेयी द्वारा पुत्र मोह में यह ना देख पाना की भरत, शत्रुघन, लक्ष्मण, राम यह सभी भगवान् विष्णु के रूप है। और भरत द्वारा समझाने पर कैकेयी का अपने किये गए निर्णय पर पछताना।

❧

कबीर सोता क्या करे, जागो जपो मुरार ।
एक दिना है सोवना, लांबे पाँव पसार ।।

कबीर अपने को संबोधित करते हुए कहते हैं कि हे कबीर! तू सोने में समय क्यों नष्ट करता है । उठ तथा भगवान राम का स्मरण कर और अपने जीवन को सफल बना । एक दिन इस शरीर को त्याग कर तो सोना ही है । अर्थात इस संसार को छोड़ कर जाना ही है ।

जैसे रामायण में रावण के भाई का समय सिर्फ सोने में नष्ट करना।

❧

कागा काको धन हरे, कोयल काको देय ।
मीठे शब्द सुनाय के, जग अपनो कर लेय ।।

कागा किसका धन हरता है जिससे संसार उससे नाराज रहता है और क्या कोयल किसी को अपनी धुन देती है

वह तो केवल अपनी मधुर (शब्द) ध्वनि सुनाकर संसार को मोहित कर लेती है।

जैसे रामायण में वनवास के समय भरत से सभी नगरवासियों को घृणा होने लगी, यहाँ तक की जब भरत सेना लेकर श्री राम से मिलने वन में आ रहे थे और यह समाचार लक्ष्मण को मिला, तब उन्होंने भी भरत को गलत समझा। इसके विपरीत श्री राम का चरित्र जिनकी कोमल वाणी और उचित व्यवहार के कारण, कोई उनके निर्णय पर संदेह नहीं करता था।

❦

कबीरा सोई पीर है, जो जा नै पर पीर।
जो पर पीर न जानइ, सो काफिर के पीर।।

कबीरदास जी कहते हैं कि वही सच्चा पीर (साधु) है जो दूसरों की पीर (आपत्तियों) को भली प्रकार समझता है जो दूसरों की पीर को नहीं समझता वह बेपीर एवं काफिर होता है।

जैसे रामायण में श्री राम का वन यात्रा के दौरान, सुग्रीव, शबरी, अहिल्या, राजा जनक इन सभी की आपत्तियों को दूर करना।

❦

कबिरा मनहि गयंद है, आंकुश दै-दै राखि ।
विष की बेली परि हरै, अमृत को फल चाखि ।।

कबीरदास जी कहते हैं कि मन हाथी के समान है उसे अंकुश की मार से अपने कब्जे में रखना चाहिए इसका फल विष के प्याले को त्याग कर अमृत के फल के पाने के समान होता है ।

जैसे रामायण में माँ सीता द्वारा राम कथा सुनने के पश्चात, भगवान् शिव के साथ वापस आते समय, माँ सती का श्री राम को प्रणाम करने का कारण पूछना और भगवान् शिव द्वारा उनको उत्तर देने के पश्चात भी माँ सीता का रूप धारण कर श्री राम की परीक्षा लेने जाना।

कबीर सीप समुद्र की, रटे पियास पियास ।
और बूँदी को ना गहे, स्वाति बूँद की आस ।।

कबीर दास जी कहते हैं कि प्रत्येक प्राणी को ऐसी वस्तु ग्रहण करना चाहिए जो उसे उत्तम फल प्रदान करे; जिस प्रकार मोती उत्पन्न करने के लिए समुद्र की सीप पियासी-पियासी कह कर पुकारती है परंतु वह स्वाति जल के बूँद के अतिरिक्त और किसी का पानी नहीं ग्रहण करती है ।

जैसे रामायण में सौदास को महर्षि गौतम द्वारा शाप मिलना और रामायण के प्रभाव से उनका शापमुक्त होना।

❦

कबीर यह जग कुछ नहीं, खिन खारा खिन मीठ ।
काल्ह जो बैठा भंडपै, आज भसाने दीठ ।।

कबीरदास जी कहते हैं कि यह संसार नाशवान है क्षण भर को कटु तथा क्षण भर को मधु प्रतीत होता है । जिस प्रकार कि कल कोई व्यक्ति मण्डप में बैठा हो और आज उसे शमशान देखना पड़े ।

जैसे रामायण में सम्पाती की आत्मकथा सुनाना और फिर पंखयुक्त होकर वानरों को उत्साहित करके स्वर्ग की और उड़ जाना।

❦

कबिरा आप ठगाइए, और न ठगिए कोय ।
आप ठगे सुख होत है, और ठगे दुख होय ।।

कबीरदास जी कहते हैं कि स्वयम को ठगना उचित है । किसी को ठगना नहीं चाहिए । अपने ठगने से सुख प्राप्त होता है और औरों को ठगने से अपने को दुख होता है ।

जैसे रामायण में शूर्पणखा, जिसके कारण वह अपने भाई खर-दूषण और रावण की मृत्यु का कारण बनी।

❧

गाँठि न थामहिं बाँध ही, नहिं नारी सो नेह ।
कह कबीर वा साधु की, हम चरनन की खेह ।।

कबीरदास जी कहते हैं कि जो साधु पुरुष धन का गठबंधन नहीं करते हैं तथा जो स्त्री से नेह नहीं करते हैं, हम तो ऐसे साधु के चरणों की धूल के समान हैं ।

जैसे रामायण में राजा दशरथ और उनके चारों पुत्रों का स्वाभाव।

❧

चन्दन जैसा साधु है, सर्पहि सम संसार ।
वाके अङ्ग लपटा रहे, मन मे नाहिं विकार ।।

साधु चन्दन के समान है और सांसारिक विषय वासना सर्प की तरह है । जिसमें पर विष चढ़ता हि रहता है सत्संग करने से कोई विकार पास नहीं आता है । क्या विषयों में फँसा हुआ मनुष्य कभी किसी प्रकार पार पा सकता हैं ?

जैसे रामायण में सांसारिक विषय वासना में फँसकर बाली का खुद के परिवार से विद्रोह और स्वयं अपनी मौत का कारण बनन्ना।

๛

घाट का परदा खोलकर, सन्मुख ले दीदार ।
बाल सनेही साइयां, आवा अंत का यार ।।

जो भगवान के शैशव अवस्था का सखा और आदि से समाप्ती तक का मित्र है । कबीरदास जी कहते हैं कि हे जीव अपने ज्ञान चक्षु द्वारा हृदय में उसके दर्शन कर!

जैसे रामायण में हनुमान जी श्री राम के बचपन से लेकर उनके अंत तक उनके साथ रहे। जिस कारण हनुमान जी सदैव अपने हृदय में श्री राम के दर्शन करते थे।

๛

घी के तो दर्शन भले, खाना भला न तेल ।
दाना तो दुश्मन भला, मूरख का क्या मेल ।।

तेल खाने से घी के दर्शन करना ही उत्तम है । मूर्ख मित्र रखना खराब है तथा बुद्धिमान शत्रु अच्छा है । मूर्ख में ज्ञान न होने के कारण जाने कब धोखा दे दे, परंतु चतुर वैरी हानि पहूँचाएगा उसमें चतुराई अवश्य चमकती होगी ।

जैसे रामायण में शूर्पणखा, बला-अतिबला और विभीषण का चरित्र।

॰

चलती चक्की देख के, दिया कबीरा रोय ।
दुइ पट भीतर आइके, साबित बचा न कोय ।।

चलती हुई चक्की को देखकर कबीर रोने लगे कि दोनों पाटों के बीच में आकर कोई भी दाना साबुत नहीं बचा अर्थात इस संसार रूपी चक्की से निकलकर कोई भी प्राणी अभी तक निष्कलंक (पापरहित) नहीं गया है ।

जैसे रामायण में मानव जीवन को दर्शाया है की पृथ्वी पर आकर स्वयं भगवान् भी संसार के मायाजाल से वंचित ना रह पाए।

॰

जा पल दरसन साधु का, ता पल की बलिहारी ।
राम नाम रसना बसे, लिजै जनम सुधारि ।।

जिस घड़ी साधु का दर्शन हो उसे श्रेष्ठ समझना चाहिए । और रामनाम को रटते हुए अपना जन्म सुधारना चाहिए ।

जैसे रामायण में राक्षसों के बीच पैदा होकर भी विभीषण ने किया।

☙

जा घर गुरु की भक्ति नहि, संत नहीं समझना ।
ता घर जाम डेरा दिया, जीवन भये मसाना ।।

जिस घर में ईश्वर तथा संतों के प्रति आदर-सत्कार नहीं किया जाता है, उस घर में यमराज का निवास रहता है तथा वह घर श्मशान के सदृश है, गृहस्थी का भवन नहीं है ।

जैसे रामायण में रावण की लंका। जिसमें शासन करने वाला अहंकारी रावण, अपने अहंकार वश किसी का आदर नहीं करता था।

☙

जब लग भक्ति से काम है, तब लग निष्फल सेव ।
कह कबीर वह क्यों मिले, निःकामा निज देव ।।

जब तक भक्ति स्वार्थ के लिए है तब तक ईश्वर की

भक्ति निष्फल है । इसलिए भक्ति निष्काम करनी चाहिए । कबीर जी कहते हैं कि इच्छारहित भक्ति में भगवान के दर्शन होते हैं ।

जैसे रामायण में रावण के राज्य में सभी राक्षस स्वार्थ हेतु ही भक्ति करते थे।

❀

जो तोकूं काँटा बुवै, ताहि बोय तू फूल ।
तोकू फूल के फूल है, बांकू है तिरशूल ।।

कबीर जी कहते हैं कि जीव यदि तेरे लिए कोई कांटे बोवे तो तू उसको फूल बो अर्थात हे प्राणी तेरे साथ में कोई बदी करे तो तू उसके साथ नेकी कर अर्थात मेरे लिए तेरा सदव्यवहार है और किसी का तेरे लिए किया हुआ । दुर्व्यवहार पुनः उसके लिए कांटा है।

जैसे रामायण में रावण द्वारा सीता हरण होने के बाद भी श्री राम ने अंगद और हनुमान द्वारा रावण को समझाने का प्रयास किया।

❀

जा घट प्रेम न संचरे, सो घट जान समान ।
जैसे खाल लुहार की, सांस लेतु बिन प्रान ।।

जिस आदमी के हृदय में प्रेम नहीं है वह श्मशान के

सदृश्य भयानक एवं त्याज्य होता है | जिस प्रकार के लुहार की धौंकनी की भरी हुई खाल बगैर प्राण के साँस लेती है उसी प्रकार उस आदमी का कोई महत्व नहीं है ।

जैसे रामायण में सुग्रीव के भाई बाली का चरित्र।

❧

ज्यों नैनन में पूतली, त्यों मालिक घर मांहि ।
मूर्ख लोग न जानिए, बाहर ढूँढ़त जांहि ।

जिस प्रकार नेत्रों के अंदर पुतली रहती है और वह सारे संसार को देख सकती है, किन्तु अपने को नहीं उसी तरह भगवान हृदय में विराजमान है और मूर्ख लोग बाहर ढूँढ़ते फिरते हैं ।

जैसे रामायण में भरत के हृदय में बसे श्रीराम।

❧

जाके मुख माथा नहीं, नाहीं रूप कुरूप ।
पुछ्प बास तें पामरा, ऐसा तत्व अनूप ।।

निराकार ब्रह्म का कोई रूप नहीं है वह सर्वत्र व्यापक है न वह विशेष सुंदर ही है और न कुरूप ही है वह अनूठा तत्व पुष्प की गन्ध से पतला है ।

जैसे रामायण में प्रभु श्री राम के लिए उनके भक्तों की

भक्ति।

᭜

जहाँ आप तहाँ आपदा, जहाँ संशय तहाँ रोग।
कह कबीर यह क्यों मिटै, चारों बाधक रोग।।

जहाँ पर भाव है वहाँ पर आपत्तियां हैं। और जहाँ संशय
है वहाँ पर रोग होता है। कबीरदास जी कहते हैं कि ये
चारों बलिष्ट रोग कैसे मिटें। अर्थात भगवान के स्मरण
करने से नष्ट हो जाते हैं।

जैसे रामायण में हनुमान द्वारा लंका में सीता को बार-
बार खोजना।

᭜

जाति न पूछो साधु की, पूछि लीजिए ज्ञान।
मोल करो तलवार का, पड़ा रहन दो म्यान।।

किसी साधु से उनकी जाति न पूछो बल्कि उससे ज्ञान
पूछो इसी तरह तलवार की कीमत मत पूछो म्यान को
पड़ा रहने दो।

जैसे रामायण में विभीषण के श्री राम के पास आने पर,
उनकी राक्षस जाती ना देख, उनके ज्ञान को समझना।

᭜

जल में बरसे कमोदनी, चन्दा बसै अकास ।
जो है जाको भावना, सो ताही के पास ।।

जो आदमी जिसके प्रिय होता है वह उसके पास रहता है, जिस प्रकार कुमुदनी जल में रहने पर भी चंद्रमा से प्रेम करने के कारण उसकी चाँदनी में ही मिलती है ।

जैसे रामायण में लक्ष्मण सदैव श्री राम के साथ रहते थे।

❧

जाके जिभ्या बन्धन नहीं हृदय में नाहिं साँच ।
वाके संग न लागिये, खाले वटिया काँच ।।

जिसको अपनी जीभ पर अधिकार नहीं और मन में सच्चाई नहीं तो ऐसे मनुष्य के साथ रहकर तुझे कुछ प्राप्त नहीं हो सकता ।

जैसे रामायण में मंथरा का चरित्र।

❧

झूठे सुख को सुख कहै, मानता है मन मोद ।
जगत चबेना काल का, कुछ मुख में कुछ गोद ।।

झूठे सुख को सुख माना करते हैं तथा अपने में बड़े प्रसन्न होते हैं, वह नहीं जानते कि मृत्यु के मुख में पड़ कर आधे तो नष्ट हो गए और आधे हैं वह भी और नष्ट

हो जाएंगे । भाव यह है कि कबीरदास जी कहते हैं कि मोहादिक सुख को सुख मत मान और मोक्ष प्राप्त करने के लिए भगवान का स्मरण कर । भगवत भजन में ही वास्तविक सुख है ।

जैसे रामायण में सुकेश के पुत्र मालयवान, सुमाली और माली का चरित्र।

☙

ते दिन गये अकारथी, संगत भई न संत ।
प्रेम बिना पशु जीवना, भक्ति बिना भगवंत ।।

जितना जीवन का समय सत्संग के बिना किए व्यतीत ही गया उसको निष्फल समझना चाहिए । यदि प्रभु के प्रति प्रेम तथा भगवतभक्ति नहीं है तो इस जीवन को पशु जीवन समझना चाहिए । मनुष्य जीवन भगवत भक्ति से ही सफल हो सकता है । अर्थात बिना भक्ति के मनुष्य जीवन बेकार है ।

जैसे रामायण में शबरी और निषादराज द्वारा भक्ति भाव को दर्शाना।

☙

तीर तुपक से जो लड़ै, सो तो शूर न होय ।
माया तजि भक्ति करे, सूर कहावै सोय ।।

वह मानव वीर नहीं कहलाता जो केवल धनुष और तलवार से लड़ाई लड़ते हैं । सच्चा वीर तो वह है जो माया को त्याग कर भक्ति करता है ।

जैसे रामायण में मेघनाथ द्वारा माया रचकर युद्ध करना।

⚬⚬

तन को जोगी सब करे, मन को बिरला कोय ।
सहजै सब बिधिपाइये, जो मन जोगी होय ।।

कबीरदास जी कहते हैं कि शरीर से तो सभी योगी हो जाते हैं, परंतु मन से बिरला ही योगी होता है, जो आदमी मन से योगी हो जाता है वह सहज ही में सब कुछ पा लेता है ।

जैसे रामायण में भरत क चरित्र। जो सिर्फ तन ने ही नहीं मन से भी योगी थे।

⚬⚬

दस द्वारे का पिंजरा, तामें पंछी मौन ।
रहे को अचरज भयौ, गये अचम्भा कौन ।

यह जो शरीर है इसमें जो प्राण वायु है वह इस शरीर में होने वाले दस द्वारों से निकल सकता है । इसमें कोई अचरज की बात नहीं है । अर्थात प्रत्येक इन्द्रिय मृत्यु

का कारण बन सकती है ।

जैसे रामायण में मणिभद्र और कुबेर का रावण के आक्रमण से बचना।

๏๏

दया आप हृदय नहीं, ज्ञान कथे वे हद ।
ते नर नरक ही जायंगे, सुन-सुन साखी शब्द ।।

जिनके हृदय में दया नहीं है और ज्ञान की कथायें कहते हैं वह चाहे सौ शब्द क्यों न सुन लें परंतु उनको नर्क ही मिलेगा ।

जैसे रामायण में विधुतकेश को अंत में नर्क प्राप्त हुआ।

๏๏

नहिं शीतल है, चंद्रमा, हिम नहिं शीतल होय ।
कबिरा शीतल संतजन, नाम स्नेही होय ।।

चंद्रमा शीतल नहीं है और हिम भी शीतल नहीं, क्योंकि उनकी शीतलता वास्तविक नहीं है । कबीरदास जी कहते हैं कि भगवान के प्रेमी साधु-सन्तों में ही वास्तविक शीतलता का आभास होता है अन्य कहीं नहीं।

जैसे रामायण में श्री राम का, परशुराम संवाद द्वारा इस

बात को समझाना।

❧

प्रेम पियाला जो पिये, सीस दक्षिणा देय ।
लोभी शीश न दे सके, नाम प्रेम का लेय ।।

व्यक्ति प्रेमामृत से परिपूर्ण प्याले का पान करते हैं वह उस प्याले के मूल्य को चुकाने के लिए अपने मस्तक को दक्षिणा के रूप में अर्पित करते हैं अर्थात वह प्रेम के महत्व को भलीभाँति समझते हैं और उसकी रक्षा के हेतु अपना सब कुछ देने के लिए प्रस्तुत रहते हैं तथा जो व्यक्ति लोभी होता है (जिनके हृदय में प्रेम दर्शन करते हैं) ऐसे व्यक्ति प्रेम पुकारते रहते हैं । परंतु समय आने पर प्रेम के रक्षार्थ अपना मस्तक (सर्वस्व) अर्पण करने में असमर्थ होते हैं ।

जैसे रामायण में रावण का मंदाकनी के लिए प्रेम।

❧

न्हाये धोये क्या हुआ, जो मन मैल न जाय ।
मीन सदा जल में रहै, धोये बास न जाय ।।

नहाने और धोने से क्या लाभ । जब कि मन का मैल (पाप) दूर न होवे । जिस प्रकार मछली सदैव पानी में जिंदा रहती है और उसको धोने पर भी उसकी दुर्गन्ध दूर नहीं होती है ।

जैसे रामायण में रावण का शिवभक्त होना लेकिन समाज में पाप फैलाना।

❧

प्रेम न बारी ऊपजै, प्रेम न हाट बिकाय ।
राजा परजार जोहि रुचे, सीस देइ ले जाए ।।

प्रेम न जो बाड़ी (बगीचा) में उपजता है और न बाजार में बिकता है । अर्थात प्रेम साधारण वस्तु नहीं है । राजा प्रजा जिस किसी को अपने शीश (मस्तक) को रुचिपूर्वक बलिदान करना स्वीकार हो उसे ही प्रेम के सार रूप भगवान की प्राप्ति हो सकती है ।

जैसे रामायण में जब सीता ने श्री राम को पहली बार उनके महल के बगीचे में देखा और मन ही मन उनसे प्रेम कर बैठी।

❧

पोथी पढ़-पढ़ जग मुआ, पंडित हुआ न कोय ।
एकै आखर प्रेम का, पढ़े सो पंडित होय ।।

पुस्तकों को अध्ययन करते-करते जाने कितने व्यक्ति मर गए परंतु कोई पंडित न हुआ । प्रेम शब्द मोक्ष के पढ़ने से व्यक्ति पंडित हो जाता है क्योंकि सारे विश्व की सत्ता एवं महत्ता प्रेम पर ही अवलम्बित है । जो

व्यक्ति प्रेम के महत्व को समुचित रूप से समझने में सफलीभूत होगा उसे सारे संसार के प्राणी एक अपूर्व बन्धुत्व के सूत्र में आबद्ध दिखाई पड़ेंगे और उसके हृदय में हिंसक भावनायें नष्ट हो जाएँगी तथा वसुधैव कुटुम्बकम का भाव जागृत होगा ।

जैसे रामायण में श्री राम का सभी के लिए प्रेम। चाहे कोई वानर हो, या पक्षी, या राजा या अन्य कोई भी। उनका प्रेम सभी के लिए एक समान था।

❧

पानी केरा बुदबुदा, अस मानस की जात ।
देखत ही छिप जाएगा, ज्यों सारा परभात ।।

कबीरदास जी कहते हैं कि मनुष्य जीवन पानी के बुलबुले के समान है जो थोड़ी-सी देर में नष्ट हो जाता है, जिस प्रकार प्रातःकाल होने पर तारागण प्रकाश के कारण छिप जाते हैं ।

जैसे रामायण में चाहे श्री राम और उनके भाई, सीता यह सभी भगवान के अवतार थे, किन्तु मानव जीवन बीतने पर उन्हें भी जन्म-मृत्यु के चक्र से गुजरना पड़ा।

❧

पाहन पूजे हरि मिलें, तो मैं पूजौं पहार ।
याते ये चक्की भली, पीस खाय संसार ।।

कबीरदास जी कहते हैं कि यदि पत्थरों (मूर्तियों) के पूजन मात्र से भगवान की प्राप्ति होती हो तो मैं पहाड़ों का पूजन करूँगा इससे तो घर की चक्की का पूजन अच्छा है जिसका पीसा हुआ आटा सारा संसार खाता है ।

जैसे रामायण में महॢषि और राक्षसों द्वारा वरदान हेतु भगवान् की कड़ी तपस्या की जाती थी। वह केवल मूर्ति पूजन नहीं करते थे।

৩৩

पत्ता बोला वृक्ष से, सुनो वृक्ष वनराय ।
अब के बिछुड़े ना मिले, दूर पड़ेंगे जाय ।।

पत्ता वृक्ष को सम्बोधन करता हुआ कहता है कि हे वनराय अब के वियोग होने पर न जाने कहाँ पर हम पहुँचें तुमको छोड़कर । फिर जाने मिलना हो या नहीं । भाव यह है कि हे जीव, इस संसार में मनुष्य योनि को छोड़ कर कर्मों के अनुसार न जाने कौन-सी योनि प्राप्त होगी । इसलिए मनुष्य योनि में ही भगवान का स्मरण प्रत्येक समय कर ले।

जैसे रामायण में रावण के वध के बाद जब समस्त वानर सेना अयोध्या आयी थी और समय बीतने पर उन्हें वापस जाना पड़ा।

৩৩

फुटो आँख विवेक की, लखें न संत असंत ।
जिसके संग दस बीच है, ताको नाम महन्त ।।

जिसके ज्ञान रूपी नैन नष्ट हो गए हैं वह सज्जन और दुर्जन का अंतर नहीं बता सकता है और सांसारिक मनुष्य जिसके साथ दस-बीस चेले देख लेता है वह उसको ही महन्त समझा करता है ।

जैसे रामायण में सुग्रीव ने जब श्री राम और लक्ष्मण को पहली बार वन में देखा और विचार किया था।

❦

बन्धे को बाँधना मिले, छूटे कौन उपाय ।
कर संगति निरबंध की, पल में लेय छुड़ाय ।।

जिस प्रकार बन्धे हुए व्यक्ति को बंधा हुआ व्यक्ति मिल जाने पर उसे मुक्ति पाने का कोई उपाय दृष्टिगोचर नहीं होता है, ठीक उसी प्रकार सांसारिक बंधनों में बंधा हुआ मानव जब माया के जाल में फँसता है उस समय उसके विस्तार का कोई मार्ग नहीं रहता । अतएव ऐसे व्यक्ति की संगति करनी चाहिए जो निर्बन्ध एवं धन-माया से छुटकारा करा सके । (निर्बन्ध और निर्लेप प्रभु के अतिरिक्त कोई नहीं है) अतः भगवान की आराधना करनी चाहिए ।

जैसे रामायण में सभी राक्षस रावण को देख, वरदान

प्राप्ति हेतु भगवान् ब्रह्मा की पूजा करने लगते है पर रावण जैसे तपस्या नहीं कर पाते।

☙❧

बूँद पड़ी जो समुद्र में, ताहि जाने सब कोय।
समुद्र समाना बूँद में, बूझै बिरला कोय।।

यह तो सम्पूर्ण जीव जानते हैं कि समुद्र में पड़ी बूंदे उसमें समा जाती हैं, किन्तु यह विवेकी ही जानता है कि किस प्रकार मन रूपी समुद्र में बिंदुरूपी जीवात्मा परमात्मा में लीन हो जाते है।

जैसे रामायण में श्री राम ने राक्षसों का वध किया, किन्तु साथ ही साथ उन्हें मोक्ष की प्राप्ति का मार्ग भी दिखलाया।

☙❧

बड़ा हुआ तो क्या हुआ, जैसे पेड़ खजूर।
पंछी को छाया नहीं, फल लागे अति दूर।।

बड़े होने से क्या लाभ, जैसे खजूर का पेड़ इतना बड़ा होता है कि जिससे पंछी को न तो छाया ही मिलती है और न फल ही मिलता है अर्थात बड़े आदमी जो अपनी महानता का उपयोग नहीं करते हैं, व्यर्थ है।

जैसे रामायण में रावण भले ही महान पंडित और

शिवभक्त था, किन्तु उनके आचरण के कारण, हर कोई उसकी निंदा करता था।

❦

मूँड़ मुड़ाये हरि मिले, सब कोई लेय मुड़ाय ।
बार-बार के मूड़ते, भेड़ न बैकुण्ठ जाय ।।

कबीरदास जी कहते हैं कि सिर के बाल कटवाने से यदि भगवान प्राप्त हो जाए तो सब कोई सिर के बाल कटवा कर भगवान को प्राप्त कर ले । जिस प्रकार भेड़ का तमाम शरीर कई बार मूड़ा जाता है तब भी वह बैकुण्ठ को नहीं प्राप्त कर सकता है ।

जैसे रामायण में रावण तपस्या कर यह सोचता था की भगवान् शिव उसके वश में है और हमेशा उसका साथ देंगे। किन्तु शिव तो केवल अपने उस भक्त के वश में रहते है जो बिना किसी स्वार्थ के उनकी पूजा करता है।

❦

माया तो ठगनी बनी, ठगत फिरे सब देश ।
जा ठग ने ठगनी ठगो, ता ठग को आदेश ।।

काम, क्रोध, लोभ, मोह आदि माया के रूप हैं । यह माया प्रत्येक व्यक्ति को इस संसार में ठगती है तथा जिसने माया रूपी ठगनी को ठग लिया है वही आदेश रूप में आत्मा है ।

जैसे रामायण में श्री राम द्वारा दुर्वासा ऋषि के कहने पर लक्ष्मण को मृत्यु दंड देना।

❧

भज दीना कहूँ और ही, तन साधुन के संग ।
कहैं कबीर कोरी गजी, कैसे लागे रंग ।।

कबीरदास जी कहते हैं कि मन तो सांसारिक मोह, वासना में लगा हुआ है और शरीर ऊपर रंगे हुए वस्त्रों से ढँका हुआ है । इस प्रकार की वेशभूषा से साधुओं का सारा शरीर धारण तो कर लिया है यह व्यर्थ है इससे भगवान की भक्ति नहीं हो सकती है । कारी गंजी पर रग्ड़ नहीं चढ़ता भगवान से रहित मन बिना रंगा कोरा ही रह जाता है ।

जैसे रामायण में रावण ने श्री राम और लक्ष्मण को साधारण वस्त्रों में देख एक साधारण मानव माना। रावण के अनुसार वेशभूषा के अनुसार ही मनुष्य की ताक़त का अंदाज़ा लगता है।

❧

मेरा मुझमें कुछ नहीं, जो कुछ है सब तोर ।
तेरा तुझको सौंपते, क्या लागेगा मोर ।।

मेरा मुझमें कुछ नहीं है । जो कुछ है सब तुम्हारा है

। तुम्हारा तुमको सौंपने में मेरा क्या लगेगा । अर्थात, कुछ नहीं ।

जैसे रामायण में श्री राम के वन जाने पर माँ सीता ने उनसे कहा था। की मेरा मुझमें कुछ नहीं, में आपके बिना नहीं रह सकती।

᳚᳚᳚

माली आवत देख के, कलियन करी पुकार ।
फूले-फूले चुन लिए, काल हमारी बार ।।

कबीरदास जी कहते हैं कि माली (काल) को आते देख कर कलियाँ (जीवात्मा) कहती हैं कि आज वाटिका के रक्षक ने खिले-खिले पुष्पों को चुन लिया है कल हमारा भी नम्बर आने वाला है ।

जैसे रामायण में आखिरी युद्ध के समय मेघनाथ रावण से कहता है की लक्ष्मण का उसके वार से बचना असंभव था। ऐसा तभी हो सकता था जब वह मानव स्वरुप में भगवान् हो।

᳚᳚᳚

मैं रोऊँ सब जगत को, मोको रोवे न कोय ।
मोको रोवे सोचना, जो शब्द बोय की होय ।।

कबीर जी कहते हैं कि मैं तो सबको रोता हूँ, परंतु मेरा

दर्द किसी को नहीं, मेरा दर्द वही देख सकता है जो मेरे शब्द को समझता है।

जैसे रामायण में राजा दशरथ का पुत्र विलाप का दुःख। जो कैकयी नहीं समझ पा रही थी।

❧

माँगन-मरण समान है, मति माँगो कोई भीख ।
माँगन ते मरना भला, यह सतगुरु की सीख ।।

माँगना मरने के बराबर है इसलिए किसी से भीख मत माँगो । सतगुरु कहते हैं (शिक्षा है) कि माँगने से मर जाना बेहतर है ।

जैसे रामायण में शबरी ने श्री राम से भिक्षा के रूप में कुछ नहीं माँगा और उनसे ज्ञान प्राप्त किया।

❧

यह तो घर है प्रेम का, खाला का घर नाहिं ।
सीस उतारे भूँई धरे, तब पैठे घर मांहि ।।

यह घर प्रेम का है, भगवान की प्राप्ति के लिए उसके प्रति प्रेम का होना अनिवार्य है तभी उसकी प्राप्ति में सफलता प्राप्ति हो सकती है । यह मौसी का घर नहीं है जिसमें प्रवेश करने पर आदर एवं सुख की सामग्री पूर्ण रूप से प्राप्त होती है । इस प्रेम के घर में घुसने में

(भगवान की साधना में) सफलता उन्हीं व्यक्तियों को प्राप्त होती है जो अपने मस्तक उतार कर (काट कर) भूमि पर चढ़ा देते हैं (अर्थात सांसारिक बन्धनों से मुक्त होने पर ही) भगवान की प्राप्ति होती है ।

जैसे रामायण में माँ सती के साथ हुआ था, जिस कारण वह श्री राम में भगवान् विष्णु को नहीं देख पायी थी।

୬୬

या दुनियाँ में आ कर, छाँड़ि देय तू ऐंठ ।
लेना हो सो लेइले, उठी जात है पैंठ ।।

इस संसार में आकर हे प्राणी तू अभिमान को छोड़ दे और जो कुछ लेना हो उसे ले ले नहीं तो पैंठ उठी जाती है अर्थात बीता हुआ समय फिर नहीं हाथ आता है ।

जैसे रामायण में भरत के राज्याभिषेक के लिए ना मानने पर कैकयी को अपनी भूल का एहसास होना और श्री राम को वापस आने के लिए कहना, किन्तु श्री राम का अपने स्वर्गवासी पिता की इच्छा के विपरीत ना जाना।

୬୬

राम नाम चीन्हा नहीं, कीना पिंजर बास ।
नैन न आवे नीदरौं, अलग न आवे भास ।।

जिनको ब्रह्मज्ञान हो गया उनको अज्ञान रूपी निद्रा कभी नहीं आती है और बुढ़ापे में भी उनका शरीर उनको दुखदाई नहीं होता है । अर्थात उनको भगवान का आनंद प्राप्त होने पर सब दुखों की निवृत्ति हो जाती है ।

जैसे रामायण में चिरंजीवी हनुमान के साथ हुआ।

੭੦

लाग लगन छूटे नहीं, जीभ चोंच जरि जाय ।
मीठा कहाँ अंगार में, जाहिर चकोर चबाय ।।

जिस जीव को किसी वस्तु की लगन लग जाती है तो वह किसी प्रकार की लाभ-हानि को नहीं देखता और अपने कर्तव्य को पूरा करता है उसको छोड़ता नहीं । जिस प्रकार कि चकोर अङ्गार को खाता है । यदिद्प अङ्गार कोई मीठी वस्तु नहीं है तो भी चकोर उसका सेवन करता है । इसका अर्थ यह है कि जिसका हृदय भगवत भक्ति में विलीन हो जाता है तब वह सांसारिक किसी वस्तु की हानि की कुछ चिंता नहीं करता है और ईश्वर के प्रेम में मगन रहता है ।

जैसे रामायण में शूर्पणखा को श्री राम को पाने की लगन लग जाती है और वहीं से राक्षसों के विनाश की कहानी शुरू हो जाती है।

੭੦

लघुता से प्रभुता मिले, प्रभुता से प्रभू दूरि ।
चींटी ले शक्कर चली, हाथी के सिर धूरि ।।

कबीरदास जी कहते हैं कि लघुता से प्रभुता मिलती है । और प्रभुता से प्रभु दूर रहते हैं, जिस प्रकार छोटी-सी चींटी लघुता के कारण शक्कर पाती है और हाथी के सिर पर धूल पड़ती है ।

जैसे रामायण में श्री राम के विनम्र भाव के कारण, सीता की खोज में राजा सुग्रीव से लेकर, वानर तक उनका साथ देने को तैयार हो गए।

෧෨

वृक्ष बोला पात से, सुन पत्ते मेरी बात ।
इस घर की यह रीति है, एक आवत एक जात ।।

वृक्ष पत्ते को उत्तर देता हुआ कहता है कि हे पत्ते, इस संसार में यही प्रथा प्रचलित है कि जिसने जन्म लिया है वह अवश्य मृत्यु को प्राप्त होता है ।

जैसे रामायण में चाहे कोई राक्षस हो, देवता हो, या मानव रूप में धरती पे जन्म लेने वाले भगवान्। अंत सबका होता है।

෧෨

संगति सों सुख्या ऊपजे, कुसंगति सो दुख होय ।
कह कबीर तहँ जाइए, साधु संग जहां होय ।।

अच्छी संगति से सुख प्राप्त होता है एवं कुसंगति से दुःख अतः कबीरदास जी कहते हैं कि उस स्थान पर जाना चाहिए कि जहाँ साधु (अच्छी) संगति की प्राप्ति हो ।

जैसे रामायण में राजा दशरथ के साथ हुआ।

෧෨

साधु गाँठि न बाँधई, उदर समाता लेय ।
आगे-पीछे हरि खड़े, जब माँगे तब देय ।।

सज्जन अपनी आवश्यकतानुसार वस्तु का उपयोग करते हैं वह गठबंधन (संग्रह) नहीं करते । उन्हें सर्वव्यापी भगवान पर विश्वास होता है, क्योंकि वह मांगने पर प्रत्येक वस्तु को देता है ।

जैसे रामायण में श्री राम ने निषादराज के आग्रह करने पर भी कुछ नहीं कहा। किन्तु निषादराज ने स्वयं की इच्छा से श्री राम का सत्कार किया।

෧෨

अगर आपको मेरे द्वारा किया गया प्रयास अच्छा लगा तो इस ज्ञान को सभी लोगों तक ज़रूर पहुँचाये।

मेरे साथ जुड़ने के लिए आप ट्विटर और इंस्टाग्राम पर मुझे फॉलो कर सकते है।

https://twitter.com/indianspiderma1
https://www.instagram.com/nileshauthor/

www.ingramcontent.com/pod-product-compliance
Lightning Source LLC
Chambersburg PA
CBHW020729160726
47993CB00006B/2408